K글로벌 액셀러레이터 스타트업 사례 분석

스타트업 글로벌 전략

스타트업 글로벌 전략
K글로벌 액셀러레이터 스타트업 사례 분석

인쇄 | 2016년 12월 10일
발행 | 1판 1쇄 2016년 12월 15일
저자 | 신진오
발행인 | 김상일
발행처 | 혜성출판사
발행처 주소 | 서울시 동대문구 신설동 114-91 삼우 B/D A동 205호
전화 | 02)2233-4468　FAX | 02)2253-6316
표지·본문디자인 | 오영아
인쇄 | 삼진프린텍
등록번호 | 제6-0648호
홈페이지 | http://www.hyesungbook.com

정가 15,000원

ISBN 979-11-86345-26-9

＊ 이 책의 무단복제 또는 무단전재는 법으로 금지되어 있습니다.

K글로벌 액셀러레이터 스타트업 사례 분석

스타트업 글로벌 전략

| 신진오 지음 |

혜성출판사

| 들어가며 |

'내가 재미있는 일'을 해야 오래 할 수 있다!

중고등학교 때 공부를 열심히 하여 명문대 진학에 성공한 한 청년이 있다. 이 청년은 대학에서도 공부를 열심히 하였고, 수백대일의 경쟁을 뚫고 원하는 대기업 취업에 성공했으며 많은 후배들의 롤모델(role model, 존경하며 본받고 싶도록 모범이 되는 사람)이 되었다. 이제 이 청년의 인생은 '고생 끝, 장미 빛 시작'일까?

그토록 원하던 대기업에 입사하고 나서부터 이 청년의 고민이 시작되었다. 직장생활은 학교와는 완전히 달랐다. 초중고등학교에서 대학까지 모두에게 인정을 받으며 학교생활을 했지만, 직장생활은 그 반대였다. 첫 출근 한지 일주일도 못되어 그는 직장에서 소위 말하는 '고문관(행동이 굼뜨거나 어리숙한 사람. 업무처리가 미숙하여 모두에게 비난을 받는 사람.)'이 되었다.

"입사 후 직무배치를 받은 날부터 야근을 했습니다. 학교 생활에서는 항상 자신감을 갖고 모든 것을 잘 했었기 때문에 '열심히 하면 되겠지' 하는 생각을 하고 입사했죠. 일을 잘 해서 부서 내에서 빨리 인정받을 수 있을 거라는 포부도 있었습니다. 그런데, 익숙하지 않은 업무를 해 내려 하니, 밤을 새서 야근을 해도 제대로 하기 어려웠습니다. 선배들은 제대로 가르쳐주기 보다는 '그것도 모르냐'고 핀잔만 주고… 물론, 중소기업에 다니는 친구들보다 월급을 많이 받긴 합니다만, 업무량이 워낙 많다 보니 월급이 많은 장점이 퇴색되는 것을 느낍니다. 무엇보다, 일을 하면서 재미도 느껴지고 뭔가 자부심도 생겨야 한다고 생각하는데, 그런 부분이 없습니다. 입사한지 두 달이 조금 넘었는데, 저는 퇴사를 고민하고 있습니다."

"한국 경제의 '시름'이 깊어졌다" 이것은 2016년 10월에 외신들이 내놓은 한국 경제에 대한 공통된 시각이다. 뉴욕타임즈는 높은 실업률과 2016년도에 발생한 한진해운 사태, '최순실 게이트' 등으로 대한민국이 정치, 경제적으로 위기에 봉착했다고 보고 있다. 파이낸셜타임즈는 '최순실 게이트'로 대통령 임기 말 노동개혁과 같은 주요 경제정책에 대한 논의와 내년도 예산안 승인이 늦어질 수 있다고 보도했다. 정치와 경제가 모두 위기에 처하면서 대한민국의 미래가 흔들리고 있다. 그 동안 대한민국의 경제성장을 이끌었던 대기업의 위기가 이미 시작되었고 조선, 해운업종의 구조조정이 그 신호탄이 되고 있다.

국제통화기금(IMF)은 2016년 10월에 세계경제전망(World Economic Outlook)을 발표하면서, 대한민국의 2016년도 경제성장률 전망치를 2.7%로 발표했다. 앞서 IMF는 2015년 10월에 대한민국의 2016년 경제성장률을 3.2%로 전망했으나 2.7%로 하향 조정된 것이다. (기획재정부가 2016년 초에 발표한 2016년도 경제성장률은 3%대였다.) 하지만, 영국이 유럽연합을 탈퇴한 브렉시트(Brexit)가 2016년 6월 24일에 영국 국민투표로 결정되자, 많은 민간 경제전문가들은 2016년도 대한민국 경제성장률 전망치를 2%대 초반으로 예측하고 있다.

　경제성장률이 이렇게 낮아진다는 것은 대한민국 경제를 이끌고 있는 대기업 성장이 한계에 봉착했다는 의미로 해석될 수 있다. 대기업이 성장하지 못한다는 것은 대기업에 근무하는 많은 임직원들은 '별로 재미가 없을 것이다'라고 추측할 수 있다. 기업은 이윤을 추구하는 집단이기 때문에 성장하지 못하는 한계사업을 정리하려고 할 것이고 이 과정에서 임직원들이 받는 스트레스는 커질 것이다. 성장하지 못하는 대기업 조직은 영업의 확대가 원활하지 않기 때문에 직원에 대한 관리가 강화되고, 이 과정에서 직원들이 재미가 있을 리가 없다.

　그렇다고 하여, 대기업이 재미가 없으니 청년들에게 무작정 창업에 도전히라고 말하는 것은 아니다. 준비 없이 도전하는 창업은 거의 대부분 실패로 끝난다. 성공창업을 위해서는 많은 준비가 필요하다. 특히, 중점적으로 고려해야 하는 것은 '시장에 관한 시각'이다. 국내시장만을 염두하여 창업을 하는 것은 대한민국 시장 크기의 한계 때문에 기업의 성장이 제한될 수 있다. 이제는 글로벌 시장을 염두 해 두고 창업을 해야 한다.

　이 책은 스타트업이 글로벌 시장을 공략하기 위해 어떤 과정을 거쳐야 하는지, 그리고 어떤 전략이 효과적인지 정리한 개념서이다. 이미 전세계는 빠른 통신 및 교통수단을 통해 하루 생활권으로 돌아가고 있다. 스타트업도 이러한 추세에 발맞추어 국내시장만을 바라볼 것이 아니라 창업 초기부터 글로벌 시장 공략에 대한 준비를 해야 한다. 스타트업을 고려하고 있는 많은 청년들이 이 책을 통해 글로벌 시장을 이해하는데 도움이 되길 바란다.

2016년 11월

저자 신진오

Contents

들어가며 · 4

제1장 **글로벌 창업 마인드** 13
구글은 왜 우버에 투자했을까? 15
제4차 산업혁명 이야기 24
창업 준비부터 글로벌을 기획하라 34

제2장 **팝한(POP HAN)** 39
전통을 현대적 감각으로 재해석하라.
클럽 패션으로 한복이 어울릴까? 41
폐방수포로 만든 명품 가방, 프라이탁 이야기 44
한복 인식 전환 분위기가 창업의 이유 51
낯선 여행자들 59
팝한의 미국 진출 전략 64

| 제3장 | **레츠코리안**(Let's Korean) | 73 |

내가 잘 할 수 있는 것으로 승부하라.

트럼프는 어떻게 미국 대통령에 당선되었을까?	75
차려준 밥상	84
링크 비즈니스	89
창업자에게 가장 중요한 것은 '기업가정신'	94
액셀러레이팅 전과 후	99
레츠코리안, 중국 진출 전략	106

| 제4장 | **에이치네스트**(H-Nest) | 113 |

캐릭터는 전 세계에서 통한다.

서울대학교 A+ 학점의 비법	115
덕후	121
캐릭터의 탄생	129
시스템을 만들자	135

| 제5장 | **비엔솔루션(BNS)** | 145 |

좋은 시스템은 확장성이 무궁무진하다.

이것이 있으면 저것이 있다. 147
세계는 넓고 시장은 다양하다. 155
실행과 경험을 통해 얻는다. 161

| 제6장 | **리앙(Liang)** | 171 |

단순한 아이템도 글로벌로 연결하면 비즈니스가 된다.

알리바바의 탄생 173
게임의 룰을 바꾸다 182
글로벌 창업 아이디어 186
리앙의 차별화 전략 192
액셀러레이팅의 효과 196

| 제7장 | **스탠딩톨(Standing TALL)** | 205 |

자신의 스토리로 창업하면 세계인이 공감한다.

삼진어묵 이야기 207
나의 스토리보다 강력한 것은 없다 216
스탠딩톨의 중국 진출 전략 223
스타트업과 액셀러레이터는 동반자 227

| 제8장 | **컨트릭스랩**(Contrix Lab) | 233 |

글로벌 창업을 생각한다면, 빨리 시작하라.

흙수저와 치킨집 235
3D 산업의 이해 240
컨트릭스랩 포지셔닝 전략 246
빨리 시작하라 254

| 제9장 | **버틀러**(Vutler) | 261 |

시장을 크게 잡을수록 사업이 확장된다.

아 피곤해! 운전하기 싫어! 263
틈새시장 공략, 공차코리아 이야기 269
우버와 디디추싱 이야기 274
시장을 크게 잡아라 279

제1장

글로벌 창업 마인드

제1장 글로벌 창업 마인드

구글은 왜 우버에 투자했을까?

 구글(Google)은 2013년에 당시 구글 설립이래 최대 규모인 258,000,000달러(약 3천억원)를 '차량 공유 서비스' 업체인 우버 테크놀로지스(Uber Technologies Inc.)에 투자했다. 우버 테크놀로지스는 우버 서비스에 등록되거나 우버에 고용된 차량의 운전 기사와 승객을 모바일 앱을 통해 중계하는 서비스를 제공한다. 우버 서비스는 스마트폰 GPS(Global Positioning System, GPS 위성에서 보내는 신호를 수신해 사용자의 현재 위치를 계산하는 위성항법시스템. 항공기, 선박, 자동차 등의 내비게이션 장치에 주로 쓰이고 있음.) 정보를 이용해 호출을 시작하고, 호출 즉시 호출자와 가장 가까운 차량부터 매칭을 시작한다. 매칭 시 호출자와 매칭된 차량 사이의 거리와 교통 정보를 기반으로 예상 가격을 제시한다. 호출자는 매칭된 기사의 평가를 참고해 운송 여부를 결정할 수 있으며, 운전기사에게 문자메시지나 전화로 요청 사항을 전송할 수 있다. 이 서비스는 2015년 기준, 58개국 300개 도시에서 사용되고 있다.

〈우버 서비스, 사진출처 : UBER〉

구글은 왜 우버에 투자했을까?

이 배경을 이해하기 위해서는 구글이 추진하고 있는 무인자동차 프로젝트를 이해해야 한다. 구글의 무인자동차 개발은 이미 잘 알려진 사실이다. 구글은 '구글 슬렉스'의 연구소에서 무인자동차를 개발하고 있다. 이것은 '구글카(Google Car)라는 이름으로도 알려져 있는데, 구글은 스탠포드 대학과 카네기멜론 대학 연구팀, 무인자동차 경주인 그랜드 챌린지 우승자들을 영입해 무인자동차 사업을 시작했다.

〈구글 무인자동차, 사진출처 : Google〉

 구글은 자사의 목표를 '자동차 사용을 근본적으로 혁신함으로써 교통사고 예방, 시간의 자유로운 활용, 탄소배출 감축을 꾀하는 것'이라고 발표했다. 실제로 미국 구글 직원 12명은 매일 무인자동차인 구글카로 출퇴근한다. 집에서 고속도로까지만 직접 운전대를 잡고 실리콘밸리 고속도로에 진입하면 구글 무인 자동차를 작동시키는 소프트웨어인 '구글 쇼퍼(Google Chauffeur)'가 알아서 운전하는 것이다.

 이미 전세계의 대형 자동차 기업들은 구글을 '최대 경쟁자'라고 인식하고 있다. 구글이 자동차를 생산하는 회사가 아닌데도 말이다. 무인자동차의 핵심은 자동차라는 하드웨어가 아니라 자율주행을 조율하는 소프트웨어에 있다.

이것이 하드웨어를 만들지 않는 구글이 무인자동차의 시대를 리딩할 수 있는 이유이다. 무인자동차에 대한 구글의 적극적인 행보(行步)와 영향력으로 인해 많은 사람들이 무인자동차의 시대가 곧 도래할 것이라고 믿고 있다. 무인자동차의 시대가 도래하면 사람들의 삶이 어떻게 달라질까?

무인자동차는 자동차에 탑재된 소프트웨어와 GPS를 이용하여 사람이 운전을 하지 않고도 스스로 도로를 주행하고 주차를 하는 자율주행시스템이 탑재된 자동차를 말한다. 따라서, 무인자동차를 사용하게 되면, 운전에 대한 스트레스도 없을 것이고 주차 때문에 시간을 낭비할 필요도 없을 것이다. 자동차 운전을 즐기는 일부 '마니아(mania, 어떤 한 가지 일에 몹시 열중하는 사람)'를 제외하고는 자동차 관리에 대한 개념이 점점 희박해 질 가능성이 높다.

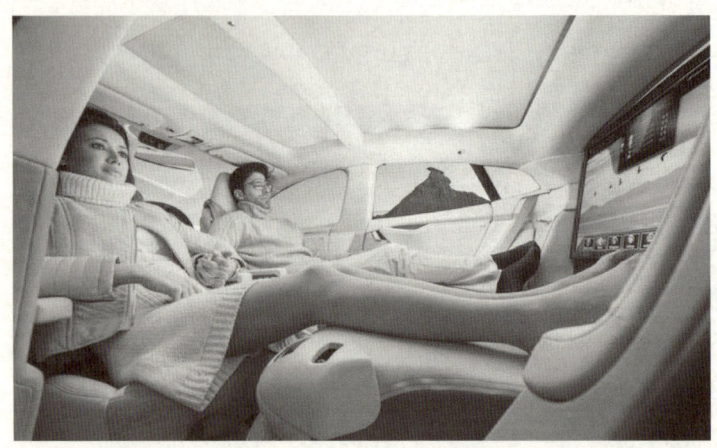

〈구글 무인카의 내부, 출처 : Google〉

그렇다면, 지금처럼 일반 대중들(일부 부유층을 제외하고)이 자동차를 소유할 필요가 있을까? 한번 상상해 보자. 스마트폰 앱을 통해 자동차를 호출하면 집 앞까지 무인자동차가 와서 대기하고 있다. 자동차에 올라타고 목적지를 말하면 운전할 필요없이 자동차가 알아서 목적지에 데려다 준다. 목적지에 도착해서 내리기만 하면 사용자가 주차를 할 필요없이 자동차가 알아서 이동한다. 이 정도 상황이 되면 자동차는 '이용의 도구'로 활용되고, 소유할 필요성이 없어진다.

자동차를 소유하려면 자동차 이외에도 많은 골치 아픈 문제를 해결해야 한다. 우선, 주차장이라는 공간이 필요하다. 본인 집에 주차장이 마련되어 있지 않다면, 차량 주차를 위해서 매월 주차비를 납부해야 한다. 그리고, 자동차를 운전하기 위한 보험도 가입해야 한다. 자동차를 보유하고 있으려면 매년 자동차세도 납부해야 한다. 하지만, 무인자동차가 아닌 현재의 시스템에서는 이러한 불편함과 비용을 감수하고도 자동차를 소유하려는 사람들이 많다.

무인자동차 시대가 도래한다면? 대중들이 굳이 자동차를 소유할 필요성이 매우 적어지고, 자동차는 마치 대중교통처럼 '자동차 서비스 회사'가 서비스 하는 시대가 올 것이다. 자동차 서비스 회사는 자동차를 직접 보유하고 있으면서 사용자에게 서비스를 할 수도 있고, 우버처럼 자동차를 보유하고 있지 않아도 자동차 보유자와 사용자를 연결하는 서비스의 형태로 사업을 진행할 수도 있다. 여기서 자동차 서비스 회사의 핵심은 사용자와 연결할 수 있는 플랫폼(platform)이다.

구글의 입장에서 볼 때, 무인자동차 시대가 도래하면 우버의 서비스가 필요하다고 생각했을 것이다. 무인자동차 및 '자동차 서비스 회사'로 인한 변화를 생각해 보자. 만약, 앞의 가정대로 일반 대중들(일부 부유층을 제외하고)이 자동차를 소유하지 않고 자동차 서비스를 이용하는 시대가 온다면, 전세계 자동차 생산량은 매우 줄어들 것이다. 추측 하건데, 현재의 10~20% 수준이 될 수도 있다.

한번 계산해 보자. 도심에 사는 A씨는 평일에는 출퇴근 용으로 차를 이용하고 주말에는 대형마트에 가는데 차를 이용한다. 그리고 일년에 3~4번 휴가를 위해 차를 이용한다고 가정해보자. 주차장에서 차를 출차하는 시간과 목적지 도착 후 차를 주차하고 사무실이나 집으로 이동하는 시간을 제외하면, 출퇴근 용으로 이용하는 자동차에 앉아있는 시간은 2시간이 채 되지 않는다. 주말에 집 근처 대형마트를 위해 자동차에 앉아있는 시간은 기껏해야 30분 정도에 불과하다. 휴가를 위해 자동차에 앉아있는 시간은 평일 출퇴근 할 때보다는 길겠지만, 일년에 3~4번에 불과하다. 결국, 평범한 도심 직장인의 하루 평균 자동차 이용시간은 2시간 정도밖에 되지 않을 것이다. 하루 24시간 중 8.3%에 불과하다. 물론, 직업마다 편차는 있을 것이다. 사용시간이 이보다 많을 수도 있고 더 적을 수도 있다.

　자동차가 A씨의 소유가 아닌 자동차 서비스 회사의 소유라면, 방금 A씨를 목적지에 데려다 준 자동차는 또 다른 B씨에게 서비스를 하기 위해 날려갈 것이다. 즉, 자동차가 A씨의 소유일 때는 A씨가 사용하지 않는 대부분의 시간에 자동차가 주차장에 있을 테지만, 서비스 회사의 소유일 때는 상황이 다르다. 자동차는 대부분의 시간에 주차장에 있는 것이 아니라 쉬지 않고 서비스를 하러 돌아다닐 것이고, 기존에는 한 가정에 한대 이상의 자동차가 필요했다면, 이 자동차 수요가 '십 분의 일' 정도로 줄어들 수도 있다는 이야기다. 이렇게 되면, 자동차 생산 및 판매 비즈니스 시장 보다는 자동차 서비스 비즈니스 시장이 더 커질 수 있다는 것을 짐작해 볼 수 있다.

　구글의 무인자동차 '구글카'는 현재로 볼 때, 자동차 생산 및 판매 비즈니스로 볼 수 있다. 구글은 향후 더 커질 서비스 시장을 선점하기 위해서 비슷한 서비스를 하고 있는 우버에게 2013년도에 3천억이라는 막대한 자금을 투자하기로 한 것이다. 구글의 투자가 우버가 증권시장에 상장을 했을 때, 구글의 투자금보다 더 큰 돈을 회수하기 위한 단순한 투자 목적이 아니라는 것이다. 이것은 2015년~2016년도에 진행된 구글의 움직임에서 알 수 있다.
　2016년 5월, 월스트리트저널(WSJ) 등 외신들은 구글이 미국 샌프란시스코에서 차량 호출 서비스를 시작했다고 보도했다. 구글이 2013년 인수한 내비게이션 서비스에 차량 호출 서비스를 결합하여 시작한 것이다. 이 서비스는 이용자끼리 차를 함께 타는 카풀에 가깝다. 지도상에서 위치를 보고 같은 방향으로 가는 사람끼리 차를 함께 타고 가는데, 차를 얻어 타는 사람은 운전자에게 기름값 명목으로 마일(1.6㎞)당 0.54달러를 낸다. 운전자를 직접 고용하는 우버와 형태는 다르지만 유사한 형태의 서비스로 우버에게는 위협이 될 수 있다.

구글이 단순하게 투자수익을 목적으로 2013년도에 우버에 투자했다면, 우버의 사업모델을 위협하는 전략을 사용하지 않았을 것이다. 구글이 우버의 경쟁자로 인식 된다면, 우버의 기업가치가 훼손될 가능성이 있기 때문이다. 2013년도에 구글이 우버에 투자한 직후에는 구글과 우버의 관계가 매우 좋았다. 우버의 이사회에 구글의 부사장이 참여하고 있었으며, 우버의 서비스에 구글 지도를 활용할 수 있도록 협조하기도 했다.

하지만 구글과 우버는 2015년도 이후 각자 거리를 두기 시작했다. 우버는 자체 지도 서비스와 자율운행차 개발에 나서면서 구글의 심기를 건드렸고, 구글은 차량 호출 서비스 출시로 우버의 경쟁자로 떠올랐다. 구글은 차량 호출 서비스를 샌프란시스코 베이에리어 지역 직장인 25,000명 정도만 사용하는 시범 서비스 성격으로 운영한다고 발표했지만 향후 사업을 본격화할 가능성도 배제할 수 없다.

구글과 우버의 갈등은 향후 도래할 무인자동차 시대에 가장 큰 비즈니스 영역이 될 '자동차 서비스'를 선점하기 위한 움직임이라고도 볼 수 있다. 그렇다면, 왜 아직 도래하지도 않은 시장에 기업들은 막대한 자금을 투자하고 선점하려 하는 것일까? 글로벌 비즈니스에 있어서 시장의 선점은 매우 중요하며 기업은 선점한 시장을 통해 지속적인 수익을 창출할 수 있기 때문이다.

　선도기업이 이런 상황인데, 스타트업이라면 어떻게 해야 할지 답은 명확하지 않은가! 스타트업은 기존 기업이 이미 포지셔닝(positioning) 하고 있는 시장을 따라만 가는 전략으로는 혁신적인 성장을 이루기 어렵다. 스타트업은 새로운 비즈니스 모델을 개발하거나 새로운 시장을 개척하는데 기업의 역량을 상당부분 투입해야 한다.

〈시간제 수행기사 서비스, 출처 : www.mosiler.com〉

제4차 산업혁명 이야기

2016년 1월에 개최된 제46회 다보스포럼(Davos Forum, 매년 스위스의 다보스에서 개최되는 '세계경제포럼' 연차총회의 통칭.)은 핵심의제로 제4차 산업혁명(Mastering the Fourth Industrial Revolution)을 선택했다. 클라우스 슈밥(Klaus Schwab, 1938년생, 독일의 교수 및 경제학자) 다보스포럼 의장은 제4차 산업혁명을 이야기 하면서 이렇게 말했다.

"우리는 지금까지 우리가 살아왔고 알았던 삶의 방식을 근본적으로 바꿀 기술혁명의 직전까지 와 있다. 이 변화의 규모와 범위, 복잡성 등은 지금까지 인류가 경험했던 것과는 전혀 다를 것이다."

그렇다면, 클라우스 슈밥 의장이 말하고 있는 제4차 산업혁명이란 무엇일까?

우선, 제1차~3차 산업혁명이 무엇이고 어떻게 발생했는지 알아보자. 인류의 역사를 바꾼 혁명은 새로운 에너지의 등장과 생산수단의 변화에서 비롯됐다.

지금까지 인류의 역사에서 18세기 이후 세차례에 걸쳐 산업혁명이 일어났다.

〈클라우스 슈밥 : 제4차 산업혁명 저자, 사진출처 : 교보문고〉

제1차 산업혁명은 '증기기관의 발명'에서 시작됐다. 1784년 증기기관의 발명으로 사람이 손으로 제작하는 수공업시대가 막을 내리고 기계가 물건을 생산하는 시스템이 완성됐다. 증기와 수력을 에너지원으로 해서 산업혁명을 발생시킨 영국은 세계 최대의 공업국이 되었다. 이 때, 책과 신문이 중요한 지식전달과 소통의 수단으로 작용했다.

〈제1차 산업혁명의 시작 : 증기기관의 발명〉

이어 전기가 에너지원으로 등장했다. 1870년 미국에서 세계 최초로 컨베이어 벨트가 등장하면서 전기에 의한 대량생산체계가 구축되었다. 이것이 '제2차 산업혁명'의 시작이었다. 분업화가 이뤄졌고 전기의 힘으로 미국은 생산효율성을 높이면서 세계 최강대국의 지위를 누릴 수 있었다. 이 때, 텔레비전과 라디오가 정보소통의 중요한 도구로 역할을 하기 시작했다.

〈2차 산업혁명의 시작 : 컨베이어벨트 발명, 사진출처 : 영화 '모던타임즈'〉

반도체의 발명은 '제3차 산업혁명', 즉 디지털 혁명을 불러왔다. 1969년 개발된 산업 플랜트의 자동 제어 및 감시에 사용하는 제어 장치인 프로그래머블 로직 컨트롤러(programmable logic controller, PLC)는 디지털 혁명의 시작이었고, 이를 통해 전자공학(Electronics)과 정보기술(IT)이 등장해 텔레비전, 냉장고 등 가전제품의 대중화 시대를 열었고 인터넷의 등장으로 정보화 혁명이 일어났다. 인터넷 혁명에서 스마트폰의 활성화로 통신수단이 모바일로 넘어가면서 SNS(소셜네트워크서비스)와 스마트폰이 정보소통의 창이 되었다.

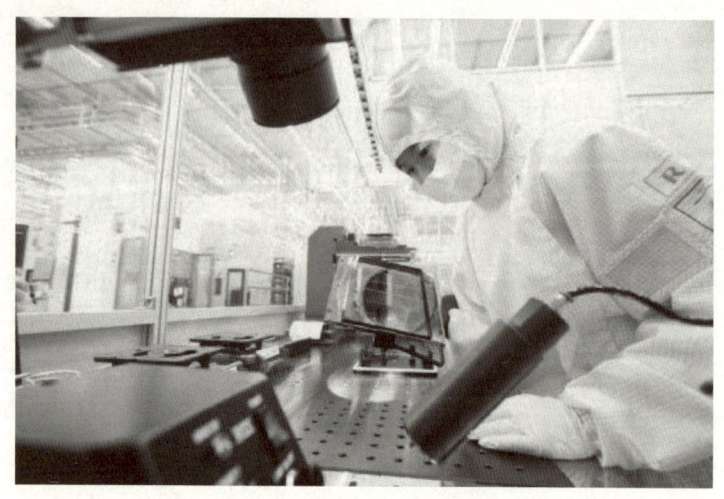

〈제3차 산업혁명의 시작 : 반도체의 발명, 사진출처 : 삼성전자〉

제3차 산업혁명인 디지털 혁명 다음에는 어떤 혁명이 일어날까? 다보스포럼은 '제4차 산업혁명'이라고 주장했다. 디지털 세계, 생물학적 영역, 물리적 영역 간 경계가 허물어지는 '기술 융합'이 일어난다는 것이다. 4차 산업혁명을 초래할 이 기술융합의 핵심에는 사이버물리시스템(Cyber-physical system, CPS)이 있다. 로봇, 의료기기, 산업장비 등 현실 속 제품을 뜻하는 물리적인 시스템(Physical System)과 인터넷 가상공간을 뜻하는 사이버 시스템(Cyber System)이 하나의 네트워크로 연결되어 집적된 데이터의 분석과 활용 및 사물의 자동제어가 가능해진다는 것이다.

이렇게 되면 거의 모든 현실세계의 사물은 지능을 갖춘 '사물인터넷(IoT)'으로 진화하고 이들 사물이 연결되어 제품 생산과 서비스가 전자동으로 이뤄지는 새로운 산업시대를 맞게 되는 것이다. 쉽게 말해 지능을 갖게 된 현실세계의 사물들이 가상세계와 연결되어 생산과 서비스의 완전 자동화가 가능해지는 새로운 산업사회를 제4차 산업혁명이라고 이야기 할 수 있다.

제4차 산업혁명 시대에는 이처럼 '사물지능 시대'가 되기 때문에 연결화, 지능화, 자동화가 중요한 화두가 된다. 그렇다면 구체적으로 제4차 산업혁명은 어떤 모습으로 구현될까?

자동차는 인공지능 소프트웨어가 탑재되어 원하는 목적지를 자동으로 데려다 주는 무인자동차가 된다. 무인비행기 드론에 주소만 입력하면 사람과 물건을 원하는 장소로 정확히 옮겨 준다.

〈실제 물건을 배송하는 무인 드론, 사진출처 : DHL〉

원하는 것은 무엇이든지 3D 프린팅으로 생산하는 생산혁명이 일어난다. 기존에는 만들기 어려운 것들을 다품종 소량생산 할 수 있다. 정보의 집적화로 태블릿이나 스마트폰으로 원하는 장소의 교통상황이나 날씨상황을 실시간으로 들여다볼 수 있고 최적의 안내를 받을 수 있게 된다. 의학분야를 살펴보면 줄기세포를 이용해 조직이나 장기를 생산하거나 손상된 조직을 복원할 수 있게 된다. 기술 융합이 지금까지 상상할 수 없었던 상황을 가능하게 하는 것이다.

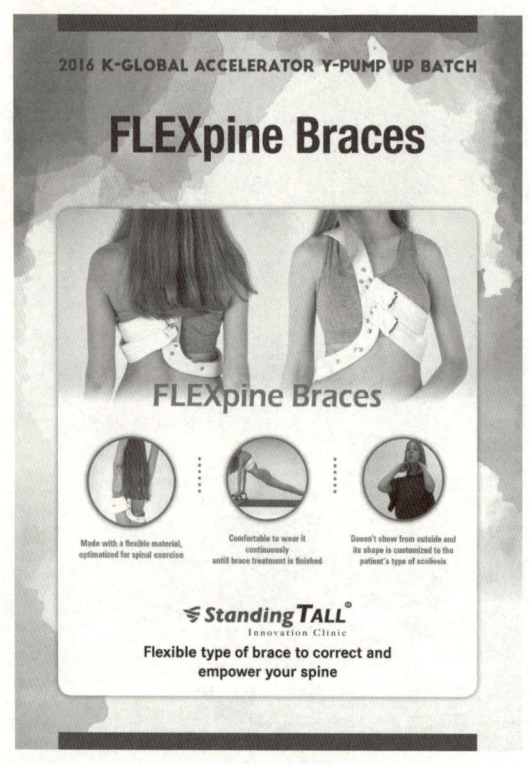

〈3D 프린터로 의료기기를 제조하는 스탠딩톨, 사진출처 : Y&ARCHER〉

이로 인해 인공지능, 로봇공학, 사물인터넷(IoT), 자율주행차량, 3D 프린팅, 나노기술, 빅데이터, 클라우드, 바이오기술, 소재산업과 같은 분야에 획기적 진화가 이뤄질 것으로 보인다. 온라인과 오프라인 세계의 통합과 융합이 완전히 이뤄져 사용자는 무선(스마트폰, 테블릿 같은 모바일 기기)을 통해 지능적으로 사물을 제어하고 가상현실을 통해 실생활에 도움을 받을 수 있는 생활의 변혁이 일어난다.

기계나 장비에 내장되어 있는 단순 프로그램이 인공지능으로 바뀌게 되고 다른 장비와 센서를 통해 하나로 연결되어 지구촌의 여러 사물들이 하나의 네트워크로 연결이 가능하게 된다.

제4차 산업혁명에서는 컴퓨터를 이용한 첨단 디지털 가공장비, 즉 디지털 패브리케이션(Digital Fabrication)이 기존의 제조공법과 디자인, 설계 등의 한계를 뛰어넘게 함으로써 산업의 판도를 바꿔놓게 될 것이다. 엔지니어, 디자이너, 건축가는 컴퓨터 설계, 입체 가공, 소재 공학, 합성 등의 기술을 결합하고 융합해 우리가 소비하는 제품, 우리가 사는 공간까지 완전히 바꾸게 된다. 특히 ICT와 결합한 공장은 개인의 피부색, 피부성향 등 소비자 개인별 특성을 고려한 생산이 가능할 정도로 완전 맞춤형 생산체제를 완성하게 될 것이다.

4차 산업혁명이 가져올 기술융합은 향후 생산성을 높여주고 생산비용, 유통

비용을 낮춰주며 개인 삶의 질을 높여주게 될 것이다. 효율성과 생산성 향상으로 제품 제조 및 유통비용 감소의 시대를 맞이하게 될 것이다. 운송과 광고, 통신비용이 줄게 되고 물류와 글로벌 공급망이 좀 더 효과적으로 재편되면서 교역비용이 급감하게 될 것이다.

하지만 4차 산업혁명은 더 큰 사회적 불평등, 빈부격차, 특히 노동시장의 붕괴를 초래할 가능성이 있다. 자동화로 기계가 사람을 대체하면서 저기술, 저임금 근로자와 고기술, 고임금 노동자간 격차가 커지고 '기술 근로자'가 각광을 받게 될 것이다.

특히 일자리 감소가 골칫거리로 등장하게 된다. 다보스포럼의 '미래 고용 보고서'는 4차 산업혁명으로 향후 5년간 7백만개 일자리가 사라지고 2백만개가 새롭게 생겨날 것으로 분석했다.

이렇게 되면 사회 불만 세력이 늘어나게 되고 양극화에 대한 불만이 증폭되어 사회문제로 대두되게 된다. 국가들은 이 점에 주목해 적절한 대책을 강구해야 한다. 이러한 변화는 정부와 기업, 개인에게 충격을 주게 되고 패러다임 전환에 실패한 기업은 퇴출의 길을 걷게 된다. 정부는 디지털 인프라를 확충하고 대국민 보안시스템 구축에 앞장서야 한다.

이처럼 미래를 바꿀 4차 산업혁명이 빠른 속도로 다가오고 있다. 패러다임 전환은 기회와 위기가 동시에 발생한다. 기존 방식에 매여 변화를 감지하지 못한 사람은 위기가 될 것이고 이 변화를 통해 새로운 사업모델을 만드는 사람에게는 기회가 될 것이다. 특히, 스타트업에게 제4차 산업혁명은 대단한 기회가 될 수 있다.

앞서 제1차 산업혁명부터 제3차 산업혁명에 대한 설명을 했지만, 이렇게 산업혁명이 일어나는 시기에 '부의 재편'이 이루어졌다. 새로운 시대의 흐름을 탄 기업들은 기존의 강자들을 누르고 정상의 자리에 올랐다는 것은 역사적인 교훈이다. 따라서 스타트업을 준비하는 창업자들은 앞으로 다가올 제4차 산업혁명을 주목하고 이를 준비해야 한다.

창업 준비부터 글로벌을 기획하라

앞서 구글과 우버, 제4차 산업혁명에 대한 이야기를 한 이유는 고객의 니즈와 비즈니스 구조는 항상 바뀔 수 있다는 것을 주지(周知)시키기 위함이다. 스타트업이 제품이나 서비스를 개발할 때, 가장 범하기 쉬운 오류가 고객의 니즈 또는 비즈니스 구조를 제대로 파악하지 않은 채 제품이나 서비스를 출시하는 것이다.

쉬운 예를 들어보자. PC방을 자주 이용하는 어떤 대학생이 PC방을 이용하기 위해서 PC방에 들어갔는데, 자리가 없어서 그냥 나오기를 수 차례 반복하게 되자, 사업 아이템이 떠올랐다. PC방 자리가 있는지 없는지 알려주고 예약까지 가능한 앱을 개발하여 서비스 하기로 한 것이다. PC방은 보통 지하 1층이나 지상 2~3층에 위치하고 있어 자리가 있는지 알아보려면 계단을 오르내려야 하는 부담감이 있고, 자리가 없어 허탕을 치면 그만큼 몸이 피곤하기 때문에 많은 사람들의 공감을 얻을 것이라고 착안한 것이다.

〈비슷한 개념의 서비스인 주차장 찾아주는 앱, 출처 : 구글플레이〉

'PC방 자리 예약 앱', 사업 아이템이 그럴 듯 하다고 생각하는가? 이 서비스는 실현되기 어려운 커다란 문제점을 갖고 있다. 가장 중요한 문제는 이 서비스의 1차 고객인 PC방 주인을 설득하기 어렵다는 것이다. 이 서비스를 시작하기 위해서는 각 지역별로 의미 있는 숫자의 PC방이 이 서비스에 가입해야 한다. 가입된 PC방 숫자가 적으면 고객들이 이 앱을 이용할 가치가 떨어진다. 그런데, PC방 주인 입장에서는 이 서비스에 가입할 이유가 별로 없다. 그 이유는 다음과 같다.

① 어떤 PC방 주인은 PC방 자리가 없다는 것을 굳이 밝히고 싶지 않을 수

있다. 본인 사업장의 영업비밀이 노출된다는 것에 대한 부담이 있을 수 있다는 것이다.

② PC방 고객들은 시간을 정해놓고 이용하는 것이 아니라서 언제 끝낼지 알 수 없기 때문에 예약시스템으로 운영하기에는 적합하지 않다. 시간을 정해놓고 진행하는 서비스와는 다르다는 것이다.

이와 같은 이유로 이 대학생이 착안한 사업은 시작부터 난항을 겪다가 결국 서비스를 시작해 보지도 못하고 흐지부지 되고 말았다. 이처럼, 고객과 시장현황을 잘 파악하지 않고 사업을 시작했다가 사업을 접을 수 밖에 없었던 많은 창업 기업들이 있었다. 이런 스타트업은 의외로 아주 많다.

스타트업을 기획할 때 가장 먼저 생각해야 할 것은 고객의 새로운 니즈를 파악하고 새로운 비즈니스 구조를 만들되, 이것에 대해서 고객들에게 공감을 얻어야 한다. 공감하는 고객의 수만큼 시장이 형성되기 때문이다. 창업자 자신은 아이템이 기발하여 성공가능성이 높다고 생각하지만, 공감하는 고객의 수가 적으면 시장의 한계 때문에 회사를 성장시키는 데에 어려움이 있다. 애초부터 작은 규모의 시장인데, 이것을 모르고 덤벼들었다가는 시장의 한계 때문에 좌절하게 되는 상황으로 이어진다.

스타트업은 로켓처럼 날아오르는 성장을 전제로 한다. 스타트업이 그렇게 되려면 급성장이 가능한 고객과 시장을 선택해야 한다. 따라서 대한민국처럼 작은 시장만을 겨냥하여 창업을 하면 로켓처럼 날아오르는 급격한 성장은 어려울 수 있다. 큰 시장을 바라보고 창업을 해야 시장의 한계를 극복할 수 있고 성공 스타트업으로 성장힐 수 있는 기반을 마련할 수 있다.

2016년 2월~4월까지 총 16부작으로 KBS에서 방영된 드라마 '태양의 후예'는 애초부터 대한민국 시장이 아닌 중국시장을 겨냥하여 크게 성공한 사례다. 이 드라마는 국내 방영에 앞서 중국 유료 동영상 사이트 '아이치이'에게 48억원에 선판매가 되었다. 중국국가신문출판관광전총국은 2015년 4월부로 외국 콘텐츠를 제한하는 한외령(限外令)을 공표했는데, 이로 인해 사전제작을 통한 중국의 선심사를 받을 수 있었고 중국과 동시 방영이 가능했다.

〈드라마 '태양의 후예', 사진출처 : KBS〉

이 드라마는 국내 시청률 38%를 돌파하는 대기록을 세웠으며, 48억원에 중국 독점 판권을 사 간 유료 동영상 사이트 아이치이에서 누적 조회수 20억뷰를 돌파하며 중국에서도 폭발적인 인기를 얻었다. 산업은행은 '태양의 후예'를 통한 직간접적인 수출효과가 1조원에 달한다고 밝힐 정도로 수출 경제효과가 컸던 드라마였다.

만약, 처음부터 중국시장을 준비하지 않고 국내시장의 반응을 본 뒤 중국시장 공략을 진행했다면, 이런 성과를 거둘 수는 없었을 것이다. 애초부터 중국시장을 겨냥하여 준비했기 때문에 고객인 중국 시청자들로부터 공감을 얻어낼 수 있었으며, 이러한 공감이 확산되면서 로켓처럼 시장점유율을 확대할 수 있었던 것이다.

스타트업도 마찬가지다. 처음부터 큰 시장을 염두해 두어야 한다. 큰 시장에서 통하는 것은 작은 시장에서도 통할 가능성이 높다. 하지만, 작은 시장에서 통했다고 해서 큰 시장에서 통할 수 있다는 생각은 큰 코 다칠 수 있다.

팝한(POP HAN) :
전통을 **현대적 감각**으로 재해석하라

제2장 팝한(POP HAN) :
전통을 현대적 감각으로 재해석하다

2016 K-GLOBAL ACCELERATOR Y-PUMP UP BATCH

Hanbok Distribution Platform

POPHAN is a hanbok (Korean traditional clothes) platform that started with a thought that 'All people want to find their root.' It is a platform for curation and distribution of our traditional clothes, Hanbok and of the products that reinterpreted the Korean tradition.

클럽 패션으로 한복이 어울릴까?

2016년 2월 14일 발렌타인데이, 많은 젊은 청춘들이 이태원의 한 클럽에 모였다. 그런데, 좀 특이한 것은 그들의 복장이다. 대한민국에서 기존의 클럽이라고 하면 청춘들이 자신들의 매력을 돋보이게 하는 복장을 착용하고 모이는데, 그 복장이라고 하는 것이 해외의 클럽 문화와 비슷한 측면이 있었다.

〈통상적인 클럽 복장, 출처 : 서울의 모 클럽 홈페이지〉

이 날 이태원의 클럽에 모인 청춘들은 좀 달랐다. 하나같이 대한민국의 전통의상인 '한복'을 입고 클럽을 즐기고 있었다. 현대인의 놀이문화인 '클럽'과

제2장 팝한(POP HAN) : 전통을 현대적 감각으로 재해석하라 • 41

전통의상인 '한복'의 조화가 어색할 것이라고 생각될 수도 있지만, 이 날 이 클럽은 다른 클럽 못지않게 흥겨운 분위기가 지속되었다.

이 행사는 대한민국의 스타트업 기업인 팝한(POPHAN)이 주최한 '클럽 한복 파티'였다. 팝한은 여러 한복 디자이너들을 모아 플랫폼을 만들었다. 그 동안 한복을 구매하려는 고객들은 오프라인(Off-Line) 매장에서 구매를 하거나, 소규모 온라인(On-Line) 쇼핑몰에서 '선택의 폭이 좁은' 쇼핑을 할 수 밖에 없었다.

〈팝한의 클럽 한복 파티, 사진 제공 : POPHAN〉

팝한은 한복의 전통적인 색상과 느낌을 살리면서 현대적인 감각을 가미한 디자인을 가미(加味)하여 새로운 컨셉(concept)을 만들어냈다. 한복은 그 동안 구세대에게는 편하게 입을 수 있는 옷이 아니었지만, 오히려 1990년대 이후 출생한 신세대들에게는 외출할 때도 입을 수 있는 패션으로의 가능성이 높아지고 있다.

"클럽에서 한복을 입는다고 해서 이색할 줄 알았는데, 전혀 어색하시 않았어요."
"한복은 명절 때 의무감으로만 입는 옷인 줄 알았는데, 이렇게 한복을 입고 춤을 춰 보니 뭔가 색다르기도 하고 흥겹네요. 너무 즐거워요."
"저는 한복을 처음 입어봤는데, 너무 편안해서 깜짝 놀랐어요. 외출할 때 입어도 좋을 것 같아서 한 벌 구매해 볼 생각이에요."
"저는 한복을 자주 입는 편입니다. 그 동안은 한복을 입으면 사람들이 신기해 했는데, 점점 저변이 넓어지고 있다는 생각이 들어요. 팝한의 한복은 그 동안 제가 입었던 한복보다는 외출복으로 훨씬 자연스러운 것 같아요."

이 행사에 참가한 젊은이들의 말이다.

하지만, 구세대들에게 한복은 우리 전통의 옷이고 사극에 자주 등장하기 때문에 보는 것은 익숙하지만, 스스로 입는 패션으로써의 한복은 그저 '불편한 옷'이고 결혼식에나 입을 법한 '낯선' 옷이었다. 이러한 고정관념으로 인해 대한민국의 패션 한복 시장은 지속적으로 축소되었다. 한복 시장이 위축되면서 한복 디자이너의 숫자도 줄어들게 되고, 한복 디자인의 수준은 과거의 수준에서 그다지 진일보하지 못하였고, 디자인이 중요한 패션산업의 특성상 한복을 입는 구매자의 수도 감소하는 악순환이 지속되었다.

폐방수포로 만든 명품 가방, 프라이탁 이야기

비싼 돈을 지불하고 명품 브랜드를 구매하는 사람들의 심리는 무엇일까? 단순히 과시욕으로 인한 명품 브랜드를 갖고 싶은 욕구 때문에 명품을 구매하는 것일까? 명품의 본질적인 출발점은 '품질'이다. 품질이 안 좋으면서 명품 브랜드를 달고 있는 제품은 별로 없다. 한 명품 애호가는 이렇게 말한다.

"제가 명품을 선호하는 이유는 명품은 좋은 원재료를 사용하고, 쉽게 질리지 않는 디자인이라서 오랫동안 사용할 수 있기 때문입니다. 명품은 한 번 구매하면 오랫동안 사용할 수 있습니다. 값싼 제품을 여러 개 구매하여 사용하지 않는 것 보다는 명품을 하나 구매하여 오랫동안 사용하면 그게 더 경제적일 수도 있다는 생각을 하고 있어요."

물론, 위의 명품 애호가의 의견은 개인적인 성향이다. 다른 사람들의 의견은 이와 다를 수 있다. 품질과 디자인이 훌륭하지만, 명품 브랜드보다 브랜드 인지도가 약하여 훨씬 저렴하게 판매되고 있는 제품도 너무나 많다.

명품 브랜드를 달고 있는 제품은 중저가 브랜드에 비해서 가격이 비싸다는 비난을 받지만, 통상적으로 값싼 제품들에 비교해서 품질이 떨어진다는 비난을 받지는 않는다. 비싼 대가를 받는 만큼 좋은 원자재를 쓰고, 비싼 디자이너를 투입하여 제대로 만들기 위해 노력하기 때문이다. 하지만, 명품 브랜드의 제품 원재료가 '쓰레기'라면 고객들의 반응은 어떨까? 그런 제품을 브랜드 가치가 있다고 하여 구매할 수 있을까?

'쓰레기'로 제품을 만들면서 이것을 널리 홍보하여 명품 브랜드의 반열에 오른 회사가 있다. 이 회사의 이름은 스위스의 가방 제조사 프라이탁(FREITAG)이다. 프라이탁은 마커스 프라이탁과 다니엘 프라이탁 형제가 1993년 설립한 가방 제조 회사이다.

스위스 취리히는 1년에 130일이나 비가 오는데 예고도 없이 비가 오는 경우도 많다. 디자이너인 두 형제는 갑자기 쏟아지는 비를 맞으며 가방이 비에 젖어 가방 안에 들어있는 서류 등이 젖으면서 불편함을 겪었다. 그래서, '비에 젖지 않는 가방을 갖고 싶다'는 생각을 하게 되었는데, 어느 날 방수포를 덮고 지나가는 화물트럭이 눈에 들어왔다. 두 형제는 곧바로 방수포를 가지고 가방을 만들었고 본인들이 사용하기 시작했다.

〈방수포로 덮여있는 컨테이너, 사진출처 : FREITAG 홈페이지〉

이 가방에 대한 주변의 반응이 좋았기 때문에 그들은 비즈니스 아이템을 포착하고 이것을 사업화하였다. 가방의 소재는 '타폴린'이라는 방수천, 자동차의 안전벨트, 폐자전거의 고무 튜브 등 재활용소재에서 얻었으며 반드시 일정기간 (방수천은 5년) 사용한 재료만을 사용하기 시작했다. 이렇게 시작한 회사는 20년이 지나면서 200여명의 직원들과 년간 40만개 정도의 가방을 제작하여 전세계 500개의 매장에서 판매하는 기업으로 성장했다.

제작공정에서 1년에 트럭 천막 200톤, 자전거 튜브 7만5천개, 차량용 안전벨트가 2만5천개 가량이 소요된다. 모든 제품이 수작업으로 만들어지며 모든 제품은 개별적 디자인을 가진다. 가격은 20만~70만원으로 고가에 속한다.

〈제품 원재료인 폐방수포, 사진출처 : FREITAG 홈페이지〉

프라이탁 형제의 어머니는 사회복지사였고 아버지는 홍보 컨설턴트였다. 그들은 언론 인터뷰를 통해 '부모님으로부터 친환경 마케팅에 대한 영감을 받았다'고 말하곤 했다. 하지만, 단순히 친환경 제품이라는 것으로 명품 브랜드의 반열에 오를 수 있었을까? 이것은 언론 인터뷰에서 밝힌 프라이탁 형제의 말에서 더욱 명확해진다.

"사람들은 우리 제품이 폐방수포로 만든 것이라는 것을 알고 더 좋아합니다. 그저 낡게 보이려고 만든 빈티지 제품이 아니라 세월이 흘러 자연스럽게 만들어진 진짜 빈티지를 갖고 있기 때문이죠. 무엇보다 이 제품은 똑같은 것이 하나도 없습니다. 5년 이상 사용한 폐방수천은 저마다 훼손의 정도도 다르고 프린팅도 다르기 때문이죠. 이것이 많은 분들에게 사랑받는 이유가 아닐까요?"

〈프라이탁 형제, 사진출처 : FREITAG 홈페이지〉

'이 제품은 친환경 제품입니다. 그러니까 비싸게 사주세요.'라고 하는 마케팅을 했다면, 프라이탁이 명품 브랜드가 되지는 못했을 것이다. '세상에서 단 하나 뿐인 제품!' '세월의 흔적이 그대로 녹아있는 진짜 빈티지!'와 같이 고객들로 하여금 소유하고 싶은 욕구를 갖게 하는 마케팅을 했기 때문에 성공할 수 있었던 것이다.

이 것은 한복 플랫폼 스타트업 기업인 팝한에게도 그대로 적용된다.

"우리의 전통을 지켜내야 합니다. 우리 것이 좋은 것입니다. 그러니까 전통 한복인 이 제품을 사주세요!"

팝한이 이렇게 마케팅을 진행한다면 과연 성공할 수 있을까? 이런 마케팅은 전통 한복 사업을 하는 다른 기업들과 별다른 차이점이 없어 보인다. 공급 과잉의 시대에 많은 제품들이 넘쳐나고 있다. 과거처럼 만들기만 하면 팔리던 시대는 지나갔다. 이제 고객들은 이 많은 제품들 중에서 본인이 선택할 제품을 고민해야 하는 상황이 되었다.

많은 스타트업 창업자들이 착각하는 것들이 있다.
① 다른 제품보다 품질이 좋고 가격 경쟁력이 있으면 무조건 잘 팔릴 것이다.
(선도 기업이 그 동안 쌓아놓은 브랜드 가치에 대한 고려는?)
② 우리 제품은 다른 제품과 다른 기능이 있기 때문에 무조건 잘 팔릴 것이다. (고객들이 그 기능을 선호하지 않는다면?)
③ 우리 제품은 시장에 없는 새로운 제품이기 때문에 무조건 잘 팔릴 것이다. (만약, 새로운 제품이 아니라 다른 기업이 동일한 아이템으로 사업을 하다가 고객들의 외면으로 망한 것이라면?)

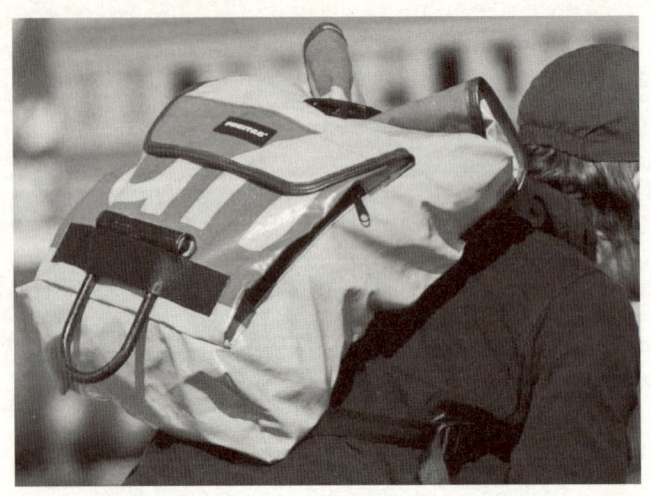

〈프라이탁 가방, 사진출처 : FREITAG 홈페이지〉

스타트업의 창업자 뿐만 아니라 다른 고객들도 소유하고 싶은 제품과 서비스를 구현해야 성공할 수 있다. 창업자 자신도 필요하고, 다른 고객들도 공감하면서 고객들로 하여금 반드시 소유하고 싶은 욕구를 심어주었던 '프라이탁'처럼 말이다.

한복 인식 전환 분위기가 창업의 이유

2016년 10월, 한 케이블TV에서 '한복 입기 열풍이 불고 있다'는 취지로 취재를 했다. 리포터는 서울 인사동에 가서 거리 풍경을 취재했는데, 거리 풍경이 뭔가 달라졌다고 이야기 하면서 그 변화를 '한복'이라고 했다. 명절이 아닌 평소에도 우리 전통 복장인 한복을 입고 다니는 젊은이들이 많이 늘었기 때문이다.

명절이 아닌데도 평일이나 휴일에 전통 한복을 입고 다니는 사람들은 주로 고등학생들이나 젊은 연인들이며, 삼삼오오 짝을 이뤄 다니면서 한복을 입고 다니는 것에 거리낌이 없다.

"한복을 입고 오니까 외국인들의 시선도 느껴지고 한국 고유의 문화를 느낄 수 있어서 뜻 깊었습니다."
"한복이 생각보다 매우 편하고 예쁘기도 한 것 같아요."
"이렇게 많은 어린 학생들이 다들 한복을 입고 나왔다는 점에 정말 놀랄 수밖에 없네요."

이 매체에서 인터뷰한 대한민국 국민들의 반응이다. 한복에 대한 외국인들의 반응도 취재했는데, 한복의 매력에 감탄을 연발했다.

〈인사동 풍경, 사진출처 : KTV〉

"오, 예뻐요. 색깔도 예쁘고 한복 치마도 아름답고 전통적인 의상을 입고 있는 사람들도 예쁘고 모든 것들이 좋아요. 멋져요!"

"전통적인 옷인 한복을 입고 있는 사람들의 모습이 아름답다고 생각해요. 그리고 오늘밤 저도 이렇게 한복 입는 경험을 해보네요."

"인사동에 온 것은 처음이에요. 한복을 입고 있는데 마치 아름다운 공주가 된 기분이에요. 한복을 정말 좋아해요."

이처럼, 언론에서 관심을 가질 만큼 한복에 대한 인식의 전환이 이루어지고 있다.

SK플래닛의 발표에 따르면, 빅데이터 분석을 통해 2014년 5월부터 2016년 4월까지 2년간 한복과 관련된 온라인상의 정보를 살펴본 결과, 한복을 언급한 내용은 2015년 4월 기준으로 1년 동안 96만 건에서 2016년 4월까지 1년 동안 약 210만 건으로 늘었다는 것이다.

게다가 그 내용도 달라졌다. 2015년 4월까지 온라인상의 한복에 대한 언급은 '신부' '결혼' '전통' '맞춤' 등 결혼과 관련된 내용이 많았는데 2015년 5월부터 2016년 4월까지 1년 동안은 '한복을 입고'라는 말이 가장 많았고, 그 다음으로 '사진' '대여' '치마' '오늘' 등이 거론됐다는 것이다. 과거 한복이 결혼식 때 입는 옷이었다면 이제는 한복이 '오늘 입고 사진 찍는 옷'이 됐다는 의미다.

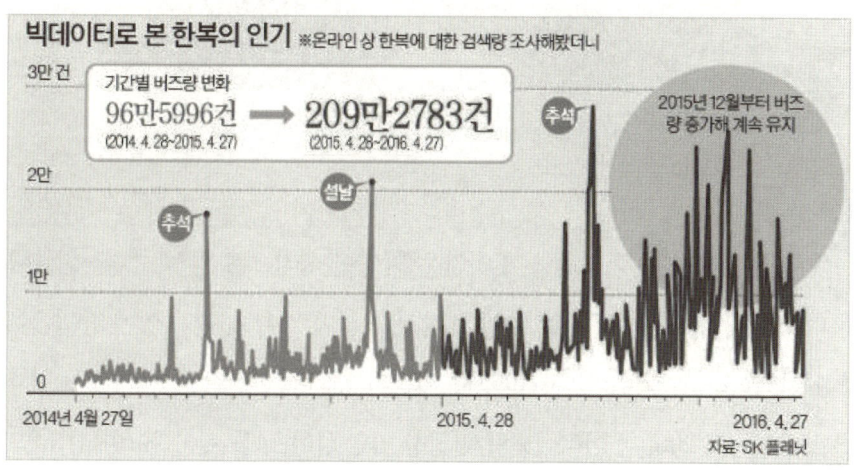

〈SK플래닛의 한복 조사 결과, 사진출처 : 중앙일보〉

팝한은 이러한 '소비자의 인식 변화' 추세로 인해 창업한 스타트업 기업이다. 문화체육관광부에서 2014년에 '한복진흥센터'를 개관하면서 한복에 대한 관심을 높였고, 10월 21일을 '한복의 날'로 지정하여 여러가지 행사를 통해 한복에 대한 관심을 고취시키기 위해 노력하고 있다는 점도 창업의 이유로 작용했다.

〈한복진흥센터 홍보영상, 출처 : 한복진흥센터〉

하지만, 한복이 각광을 받을 것이라는 막연한 생각으로 창업을 결심한 부분은 다소 위험해 보인다. 기업 자체의 경쟁력 없이 시류에 편승하는 창업은 위험한 선택이라고 볼 수 있다. 1997년 제정된 '벤처특별법'으로 인해 코스닥 시장이 과열되고 2000년 이 후 그 당시 성장 가능성이 높을 것이라고 예상되었던 인터넷 기업에 대한 창업이 우후죽순 늘어났지만, 대부분 사라졌고 경쟁력 있는 기업만 살아남아 시장을 주도하고 있다는 것을 보면 알 수 있다.

또한 정부 정책의 변화를 기회로만 삼고 창업을 하는 것도 생각해 봐야 할 부분이나. 박근혜 정부 들어와서 한복 산업을 활성화 하기 위한 대책들이 마련되었지만, 2016년 11월에 대한민국을 떠들석 하게 했던 최순실 게이트(최순실이 박근혜 정부의 국정에 개입했다는 의혹과 미르재단 및 K스포츠재단의 설립에 관여하여 그 재단을 사유화한 의혹, 최순실의 딸 정유라가 특혜를 받았다는 의혹 등을 포함하는 사건. 최순실이 박근혜 대통령의 비선실세라는 의혹으로 인해 대한민국 국민들이 큰 충격을 받음.)로 인해 최순실 게이트의 핵심인 문화체육관광부가 추진했던 사업이라는 점이 부각되어 향후 진행 여부가 불투명 할 수 있다는 여론이 조성되고 있다.

〈팝한 전시회, 사진 제공 : POPHAN〉

따라서 팝한은 고객 인식 전환의 분위기와 정부 정책의 변화를 감지하고 창업을 했지만, 향후 사업을 발전시키기 위해서는 기업 자체적인 경쟁력을 갖추고 새로운 시장을 개척하지 않으면 안 되는 상황이 된 것이다.

팝한은 2016년 6월22일~7월5일까지 건국대학교 앞 복합 쇼핑몰 및 문화전시공간인 '커먼그라운드' 3층에 위치한 토이리퍼블릭에서 '낯선 여행을 위한 안내서展'을 개최했다. 이 전시는 한국인들에게 전통적인 스테레오 타입으로 각인된 한복의 이미지에서 벗어나 '일상 속에서 입을 수 있는 한복 전시 공간이 오히려 낯설게 느껴질 수 있다는 것'에 착안해 진행했다.

이 전시회에서 팝한이 기획한 것은 한복을 대중화 시키기 위해 개량화 되었던 '생활 한복'을 넘어 하나의 독립된 패션의 영역에서 한복을 재해석 한 것이었다. 한복의 선, 색채, 재질, 문양을 바탕으로 하였지만, 이것을 현대인들의 눈높이에 맞게 디자인함으로써 심미적, 기능적 측면을 모두 충족시키겠다는 의도였다.

이 전시에서 한복의 심플하고 직선적인 실루엣을 적용하는 실험적인 패션 브랜드 스튜디오 키세, 현대의 트렌디한 패션 아이템에 한국적인 아름다움을 입히는 패션 브랜드 로드한복 옌, 아지랑이처럼 부드럽게 전통을 재구성하는 브랜드 아랑, 전통 한복 기법에서 모티브를 얻어 일상복을 디자인하는 패션 브랜드 리유 등이 참여하여 한복의 아름다움을 강조한 개성있는 옷들을 전시했다.

　여기에 현대사회에서 시간이 지나며 가치가 떨어져 소외받는 것들과 소통을 통해 새로운 가치를 발견하고 이를 작품으로 발선시켜 모두가 소외받지 않고 소통하는 따뜻한 사회를 만들어가고자 하는 작가 문예지, 상상하는 것을 좋아하는 일러스트레이터 타그트라움, 편집과 일러스트 및 자수작업을 기반으로 활동하고 있는 작가 김래현, 아티스트 겸 패션 일러스트레이터, 패션 그래픽 아트디렉터로 활동하며 표현주의적인 드로잉을 바탕으로 한 강렬한 그래픽 비쥬얼 작업들을 하고 있는 작가 유은정이 함께 했다.

〈팝한 전시회, 사진 제공 : POPHAN〉

'낯선 여행을 위한 안내서' 팝업스토어 행사에 2주간 27만 명이 참여했으며, 비슷한 컨셉으로 진행된 부산 벡스코 전시회에서는 4일 전시 동안 21만 명이 모이는 기대 이상의 호응을 이끌어냈다. 이러한 전시회의 고객 반응을 통해 팝한은 전통적인 것에 새로운 것을 가미하여 재창조를 하는 작업이 의미가 있다고 판단했다. 기존에 많은 관심을 받지 못했던 한복 영역에 새로운 디자인을 융합함으로써 새로운 분야의 패션 영역이 탄생할 수 있다는 가능성을 확인한 것이다.

낯선 여행자들

팝한은 2016년 8월에 한복 온라인 셀렉트샵(select shop)인 '낯선(www.notssun.com)'을 오픈했다. (셀렉트샵이란, 특정 컨셉에 따라 여러 브랜드의 상품을 모아 구성한 매장으로 패션 제품 뿐만 아니라 문구, 전자제품, 생활용품, 취미용품 등 라이프 스타일 전반과 련된 상품들을 복합적으로 제공하는 경우가 많다. Multi brand store 라고도 한다.) 팝한은 '낯선'을 통해 한복의 컨셉에 새로운 디자인을 가미한 여러 작가들의 제품이 대중화 되기를 희망한다.

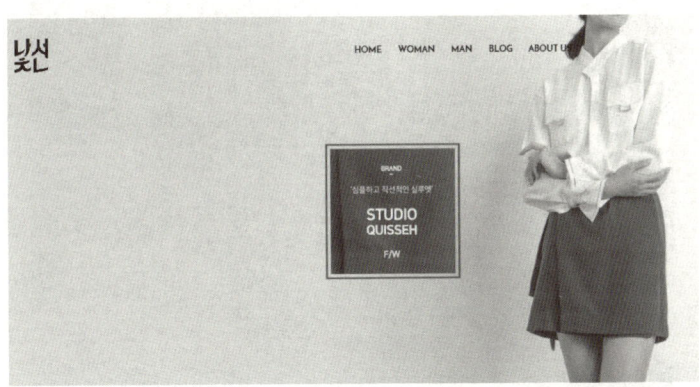

〈한복 셀렉트샵 낯선, 출처 : www.notssun.com〉

팝한을 소개하면서 앞서 프라이탁의 사례를 예로 든 이유는 두 회사가 추구하는 방향성이 비슷하기 때문이다. 프라이탁은 사용한지 5년이 지난 폐방수포를 가지고 독특한 디자인을 적용하여 명품 가방으로 탈바꿈 시켰다. 그대로 두면 가치가 매우 낮은 폐방수포에 스토리와 디자인을 결합하여 새로운 가치를 만들어낸 것이다.

팝한 역시 사람들의 인식 속에 패션 아이템으로는 거리가 멀었던 한복에 새로운 디자인을 결합하여 새로운 패션 브랜드를 탄생시켰다. 한복 자체는 그대로 두면 패션 아이템으로써의 가치가 제한적이나 여기에 스토리와 새로운 디자인을 결합하여 고객들이 평상시에도 부담없이 착용할 수 있는 괜찮은 패션으로 변화시켜 새로운 시장을 만들어낸 것이다.

〈프라이탁 가방의 원재료 폐방수포, 사진출처 : FREITAG 홈페이지〉

〈폐방수포에서 새롭게 태어난 명품 가방, 사진출처 : FREITAG 홈페이지〉

스타트업이 성공하기 위해서는 '제 살 깎아 먹기' 경쟁 보다는 새로운 개념의 사업모델을 만들 필요성이 있다. 선도업체가 자리를 잡고 있는 시장에서는 자금력과 경험이 부족한 스타트업이 시장을 확장하기 어렵다.

그러나, 스타트업이 새로운 개념의 사업모델을 적용하는 것도 많은 위험이 따른다. 새로운 개념의 사업모델을 적용한다는 의미는 현재 없는 시장을 개척해야 한다는 것이고, 그 과정에서 데스밸리(death valley, 신생 기업이 자금을 유치하지 못해 맞닥뜨리는 첫 번째 도산 위기로, 초기 창업 기업이 연구개발(R&D)에 성공한 후에도 자금 부족 등으로 인해 사업화에 실패하는 등 고난을 겪는 기간을 뜻한다. 데스밸리는 연구개발에 모든 자본을 투자하느라 적자가 누적되면서 은행 대출이 막히고, 빠른 시간

내에 기업공개(IPO)를 할 가능성이 희박해 벤처캐피탈 투자자들로부터 외면당하면서 생기는 현상으로, 보통 흑자를 내기 전까지 지속된다.)에 직면하기라도 하면 스타트업은 외로운 싸움을 계속해 내야 하는 상황이 된다.

그러면, 스타트업을 하지 말아야 하는 것인가? 그렇지 않다. 창업이 성공할 경우, 창업자 개인을 위해서도, 국가 산업 발전을 위해서도 스타트업을 하는 시도는 계속 되어야 한다. 창업의 리스크는 면밀한 창업준비와 시장 친화적인 창업기획을 통해 줄일 수 있다.

〈낯선의 한복 제품, 출처 : www.notssun.com〉

사진에서 보는 바와 같이 팝한의 온라인 셀렉트샵 '낯선'의 옷들은 한복이라는 느낌보다는 독특한 컨셉의 패션 아이템 같다는 느낌을 받는다. 이 옷들은 한복이 가진 색체와 선을 살리면서 현대적인 감각의 디자인이 가미되어 평상시에 입기 불편했던 전통 한복의 한계를 탈피했다. 이것은 한복을 대중화 시키기 위해 입기 편하게 변형시켰으나 소비자들에게 외면 받았던 '개량 한복'과는 다르다.

개량 한복이 소비자들에게 외면 받았던 이유는 소비자들의 취향을 고려하지 않은 서투른 디자인 때문이다. 팝한의 시도는 기존의 개량 한복의 단점을 극복하려고 노력한 흔적이 보인다. 하지만, 과제가 남아있다. 새로운 시도를 한 스타트업은 없던 시장을 스스로 개척해야 한다. 스타트업 팝한은 어떻게 시장을 개척해야 할까?

팝한의 미국 진출 전략

〈2016년 9월 27일자 동아일보 기사〉

미래창조과학부와 정보통신산업진흥원(NIPA)이 주관하는 '2016 K-Global Startup Accelerator' 프로그램 운영사 중 하나인 와이앤아처(대표 신진오)는 지난 23일(현지시간) 협력업체 SYKA(Society of Young Korean Americans)와 함께 미국 필라델피아에서 데모데이를 성공적으로 개최했다고 밝혔다.

이번 데모데이에는 정보통신기술(ICT) 스타트업의 체계적인 육성과 글로벌 진출 지원을 위한 '2016 K-Global Startup Accelerator Y-Pump Up Batch' 프로그램의 일환으로, 미국 진출을 희망하는 한국 스타트업들이 미국 현지 투자자들과 함께 참석했다.

참석한 한국 스타트업은 와이앤아처가 기획하는 팝한, 렛츠코리안, 버즈아트, 리앙, 에이치네스트, 컨트릭스랩, BNS, 모시러, 스탠딩톨과 고려대기술지주가 추천한 ZEUS, Stronghold, 포티움, Wantreez 등 13개 사이다.

이날 행사에는 짐 캐니 필라델피아 시장과 시의원 등 많은 미국 동부지역 정치, 경제계 인사들이 참석해 참가팀들을 격려하고 향후 한국 스타트업 기업들의 활발한 미국 진출을 요청했다. 또한 미국 현지 벤처캐피탈 및 엔젤투자자 등이 한국 스타트업의 아이템에 많은 관심을 보였다.

필라델피아 시 관계자는 "필라델피아에서 처음으로 한국 스타트업들이 데모데이를 개최했는데 성공적으로 마칠 수 있어 기쁘다"며 "앞으로 아시아와 한국의 많은 스타트업 기업들이 미국 시장에 관심을 가져주길 바란다"고 밝혔다.

한편, 이번 미국 액셀러레이팅 프로그램은 창업, 특허, IP, 상표, 엔젤 투자, 벤처 캐피탈리스트 등의 주제로 열리는 워크샵을 시작으로 스타트업 간담회, 멘토링, 산업 시찰, 실리콘 앨리 방문, 데모데이 등으로 진행됐다.

2016년 9월, 미국 필라델피아로 팝한 황재근 대표가 날아갔다. K글로벌 스타트업 기업으로 선발되어 미국에서 팝한을 소개할 수 있는 기회를 얻게 된 황 대표가 미국 진출 전략으로 생각한 것은 미국에 있는 한인들을 주요 고객층으로 하여 '낯선'의 브랜드를 마케팅 하겠다는 것이었다.

〈황재근 대표의 미국 현지 프리젠테이션, 사진 제공 : Y&ARCHER〉

황대표의 생각과는 달리 미국 현지의 반응은 달랐다. 미국인들은 대한민국의 전통 의복인 '한복'에는 관심이 없었다. 다만, 미국 시장은 패션 아이템으로써 가치가 있다면 충분히 도전해 볼 만한 시장이었다. 팝한의 한복 브랜드 'Notssun(낯선)'은 미국인들도 패션 아이템으로 착용할 수 있을만한 디자인적인 요소가 갖추어져 있었다.

팝한과 상담했던 미국인 투자자는 이렇게 말했다.

"많은 한국 사람들이 K팝이나 한류에 대해서 오해하고 있는 부분이 있습니다. 미국에서 한류는 일부 매니아층에 국한된 것이지 일반적인 것은 아닙니다.

따라서 한국의 전통문화에 대해서 모든 미국인들이 관심이 있지는 않을 것입니다."

그 투자자는 이렇게 덧붙였다.

"Notssun의 패션 아이템은 미국 사람들도 좋아할만한 요소를 갖고 있습니다. 뉴욕에서 작은 규모라도 패션쇼를 해 보는 것이 어때요? 제가 연결해 드릴 수 있습니다. 제가 아는 지인 중에 뉴욕에서 패션 쪽에 종사하는 분들이 있습니다. 뉴욕은 아시다시피 전세계 패션의 중심지죠. 항상 새로운 아이템에 관심이 많고, 실험적인 퍼포먼스도 자주 열리곤 합니다."

팝한의 황재근 대표가 실제로 미국의 소비자와 투자자들을 접하고 보니, 기존에 본인이 생각했던 전략과는 많이 다르다고 느끼는 순간이었다. 팝한은 글로벌 액셀러레이터(액셀러레이팅 프로그램에 지원할 스타트업을 공개적으로 선발하고, 이들에 대해 교육 및 멘토링을 통해 육성하고 투자까지 진행하는 스타트업 육성 기관. 창업지원법상 '창업기획자'라고 함.) Y&ARCHER의 액셀러레이팅 프로그램인 'Y-Pump UP Batch'를 통해 미국 시장에 대한 '감'을 잡을 수 있었고, 이 프로그램을 통해 연결된 미국의 투자자를 통해 뉴욕에 진출할 수 있는 기회를 잡게 되었다.

〈황재근 대표가 '2016 Y-Pump Up Batch Philadelphia Demoday'에서
짐 캐니 필라델피아 시장에게 한국의 부채를 선물하는 모습. 사진 제공 : Y&ARCHER〉

사실, 과거에도 뉴욕에서 한복을 모티브로 한 패션쇼가 열린 적은 있다. 하지만, 한복 제품이 미국에서 대중화 되지는 못했다. 패션쇼가 열리더라도 소비자들이 제품을 구매할 수 있어야 하는데, 미국에서는 한복을 구매하고 싶어도 구매할 수 있는 판로가 제한적이었기 때문이다.

팝한의 황대표는 미국 뉴욕에서 패션쇼를 하면서 동시에 팝업 스토어(pop-up store, 짧은 기간 동안만 운영하기 때문에 '떴다 사라진다(pop-up).'는 의미의 상점)를 같이 진행하겠다는 전략을 구상하고 있다. 이렇게 되면 패션쇼를 보고 구매를 원하는 고객들이 '낯선'의 제품을 구매할 수 있기 때문이다.

"와이앤아처의 K글로벌 필라델피아 데모데이에서 만난 미국인 사업가가 뉴욕에서 건설중인 쇼핑몰 입점을 제안했습니다. 아시안몰(Asian Mall)로 기획중인 복합문화 쇼핑몰이어서 한복을 모티브로 한 낯선 브랜드가 입점을 하게 되면 좋을 것 같다는 뜻이었습니다. 또한, 패션 완제품만 하지 말고 한복 옷감을 유통해 보라는 제안도 받았습니다. 실제로 제가 입고 있는 한복의 옷감은 '아르마니' 정장에 쓰였던 적이 있는 옷감입니다. 저는 이러한 제안들을 바탕으로 팝한이 진행할 수 있는 확장성 있는 사업기회를 포착하여 다양한 문화사업으로 발전시키고 싶습니다."

대한민국의 스타트업 팝한의 황재근 대표는 'Y-Pump Up Batch' 프로그램을 통해 얻은 것이 있다면, 초기 창업의 모토인 '전통을 살리자'라는 작은 울타리에서 벗어나 정말 사업을 진행할 수 있는 강한 추진력을 갖게 되었다고 말한다.

"이 프로그램을 통해 팝한의 아이템이 많이 변한 것 같습니다. 첫째, 단순한 전통사업에서 패션사업으로 변신했습니다. 둘째, 패션사업으로 진행하다 보니 관광업으로도 확장이 가능할 수 있다는 확신을 갖게 되었습니다. 셋째, 전시회를 많이 하다 보니 전시 기획에 대한 사업제안도 들어옵니다. 전시 기획에 대한 사업도 검토하고 있습니다."

팝한의 황재근 대표는 대학생 신분으로 창업을 했다. 창업 아이템을 선정하며 많은 시행착오를 겪었지만, 창업을 기획하면서 많은 사람들을 만나게 되었고 그러한 네트워크를 통해 'Y-Pump Up Batch'를 알게 되었다. 액셀러레이팅 프로그램에 선발된 후 성실하게 프로그램을 이수하면서 사업 기회를 포착하여 본인의 비즈니스를 정립할 수 있었다.

황대표가 가진 열정과 팝한의 비전, 그리고 액셀러레이팅을 통해 정립한 글로벌 진출 전략은 팝한의 미래가 밝다는 것을 보여준다. 또한, 팝한의 비즈니스가 확대되면 확대될수록 대한민국의 전통인 한복에 대한 산업의 파급효과가 넓어질 것이다. 이것이 대한민국의 젊은 스타트업, 팝한의 발전을 기대하게 되는 이유이다.

모르고 무심코 지나치는 것에 기회가 숨어있습니다. 나는 '뿌리'와 '전통'에서 그 기회를 발견했습니다.

— 팝한 황재근 대표

레츠코리안(Let's Korean) :
내가 잘 할 수 있는 것으로 승부하라

제3장 레츠코리안(Let's Korean):
내가 잘 할 수 있는 것으로 승부한다

트럼프는 어떻게 미국 대통령에 당선되었을까?

2016년 11월 8일(미국 현지시간 기준, 한국 시간으로는 11월 9일) 미국의 제45대 대통령 선거 결과가 확정됐다. 이 날 전세계는 의외의 결과에 놀라고 말았다. 전 세계에서 가장 영향력 있는 국가인 미국의 45대 대통령에 도날드 트럼프(Donald John Trump, 1946년생)가 당선된 것이다.

〈대통령 당선 후 승리 연설을 하는 도널드 트럼프, 사진 출처 : AP통신〉

실제로 선거 하루 전 날인 2016년 11월 8일에 미국에서 가장 영향력 있는 뉴스 방송인 CNN에서는 트럼프의 경쟁자인 민주당 대선후보 힐러리 클린턴(Hillary Rodham Clinton, 1947년생 미국의 정치인. 1993년부터 2001년까지 제42대 대통령을 지낸 빌 클린턴의 배우자로 남편의 대통령 재직 중에 활발한 활동을 하며 세계적으로 관심을 모았으며, 빌 클린턴의 대통령 임기 말인 2000년 연방 상원의원으로 선출되어 2001년부터 2009년까지 재직하였음. 민주당의 유력한 제43대 대통령 선거 후보였으나, 2008년 6월 3일 같은 당 소속의 버락 오바마에게 경선에서 간발의 차로 패하였음. 버락 오바마의 대통령 당선 직후 국무장관으로 지명되었고, 2009년 1월에 공식 취임하여 활동하다가 2012년 제44대 대통령 선거에서 버락 오바마가 연임에 성공하면서 2013년 초에 퇴임함.)의 당선 확률이 91%로 상승했다고 보도했다. 미국의 주요 언론들은 선거 하루 전 날까지도 힐러리가 당선될 것이라고 확신했던 것이다.

일찍 정치에 입문하여 정치경력을 쌓은 후 대통령 선거에 나가서 당선되었던 대부분의 역대 미국 대통령들과 달리, 트럼프는 대통령 후보가 되기 전에는 다른 삶을 살았던 사람이었기 때문에 트럼프가 대통령이 될 것이라고 보는 사람들은 별로 없었다.

많은 사람들의 예상을 깨고 45대 미국 대통령에 당선된 트럼프는 어떤 사람인가? 트럼프는 트럼프 오르가니제이션(Trump Organization)의 회장이자 사장으로, 부동산 투자자로 성공한 사람이다. 그는 수 차례의 부도를 내고도 재기(再

起)에 성공한 것으로 유명하다. 와튼경영대학원 졸업 후 곧바로 부동산 사업에 뛰어들었으며 'Trump'라는 브랜드를 '최고급'이라는 말과 동의어로 만들었다.

Trump 브랜드가 붙어 있는 유명한 부동산으로는 뉴욕 중심지에 위치한 초고층 건물인 '트럼프 타워'를 비롯해 트럼프 인터내셔널 호텔, 마이애미 팜비치의 골프클럽 등이 있으며, 한국에도 트럼프의 브랜드를 붙인 주상복합아파트들이 있다. 그는 부지를 매입하거나 건물을 짓는 사업인 시행이나 시공을 하지 않고 'Trump'라는 브랜드를 판매하는 것 만으로도 많은 돈을 벌었다.

트럼프는 스포츠, 엔터테인먼트로 관심 분야를 확장해가면서도 지금껏 최고만을 고집하는 브랜드 가치를 철저하게 유지했다. NBC TV의 리얼리티 쇼 인기 프로그램 '어프렌티스(The Apprentice)'의 진행 및 공동프로듀서를 맡아 미국 전역에 '트럼프 열풍'을 몰고 왔다. 어프렌티스는 14번의 시즌을 방영할 정도로 매우 인기를 끌었고, 이 예능 프로그램으로 인해 트럼프의 인지도가 극대화되었다.

〈도널드 트럼프의 어프렌티스, 사진 출처 : NBC〉

트럼프가 미국 공화당의 대통령 후보 경선에 참여하자, 공화당 내부에서도 트럼프가 '인종차별주의(백인우월주의)'를 갖고 있다고 의구심을 가졌다. 지금은 KKK단(백인우월주의 단체인 KKK단은 1866년 테네시 주 풀라스키에서 처음 조직되어 남부 각 주로 급속히 세력을 넓힘. KKK란 말은 희랍어 키클로스(kyklos)에서 따온 것인데, '비밀결사'라는 뜻을 가지고 있음. 이 비밀결사는 처음에는 위협과 공갈, 협박으로 백인의 지배권 회복을 꾀했으나 세력이 커지자 흑인과 흑인해방에 동조하는 백인들을 구타하거나 그들의 집을 불태우고 폭행을 가하는 등 보다 잔인한 테러도 서슴지 않았음.)의 지지를 거부한다고 말하고 있지만 CNN과의 인터뷰에서 그는 무려 세 번이나 명확한 입장을 보류한 바 있다. 이 인터뷰가 방송에 나간 이후, 많은 공화당원들이 그에게서 등을 돌렸다. 공화당은 인종차별주의를 반대하는 노예해방을 이끈 정당이다. 그런 공화당의 핵심적인 사상은 링컨(Abraham Lincoln 미국의 제16대 대통령. 남북 전쟁에서 북군을 지도하여 점진적인 노예 해방을 이루었고 대통령에 재선되었으나 이듬해 암살 당하였음. 게티즈버그에서 한 연설 중 유명한 '국민에 의한 국민을 위한 국민의 정부'라는 유명한 말을 남김.) 전 대통령이 만들었고 아직까지 이어지고 있다.

〈공포의 KKK단, 사진 출처 : 미국사 다이제스트 100〉

"누가 저 얼굴을 보고 투표하겠어?"

트럼프가 칼리 피오리나(Carly Fiorina, 1954년생, 미국의 여성 기업인, 정치인)에게 한 말이다. 상대방을 깔아뭉개는 이런 화법은 트럼프가 예능 프로그램인 '어프랜티스'에 출연하면서 행했던 화법이지만, 그의 이런 발언은 유독 여성에게 많고, 남성우월주의자로 보이기도 한다. 2015년 4월에 트럼프가 작성한 트위터의 글을 보면, 민주당 대선후보인 힐러리를 향해 '남편을 만족시키지 못하는데 어떻게 미국을 만족시키나?'(If Hillary Clinton can't satisfy her husband what makes her think she can satisfy America?') 라는 글도 남겼다.

TV 방송에서 이러한 막말을 서슴지 않고 하는 트럼프, 미국의 많은 국민들이 싫어할만한 요소를 많이 갖고 있는 트럼프가 어떻게 미국 대통령에 당선이 된 것일까?

선거 전날까지 트럼프가 패배할 것이라고 보도했던 CNN은 트럼프가 당선되자 트럼프가 당선된 24가지 이유에 대해서 분석했다. 그 이유라는 것이 '예상보다 낮았던 투표율' '백인 남성들의 분노' '소셜미디어의 확대' '지배층 심판' 등 외부 환경적인 요소를 갖고 분석한 것들이다.

하지만, 그런 분석은 본질에서 벗어난다. 본질적인 것을 생각해보자. 여러가지 측면에서 미국 대통령으로 당선될만한 인물이라고 판단되지 않았던 트럼프가 미국 대통령에 당선되었다. 트럼프의 당선 전략은 무엇일까?

분명한 것은 트럼프가 '본인이 잘 할 수 있는 것으로 승부'했다는 것이다.
트럼프의 '막말'은 미국 대통령으로서의 품위와는 거리가 멀다. 트럼프는 이 이미지를 대선에서도 그대로 적용했다. 예능 프로그램에서 막말로 이미지를 구축한 트럼프가 대선 후보의 품위에 맞는 행동으로 변신했다면, 대중들은 헷갈려 할 수 있을 것이다. 만약, 품격있는 이미지로 대선 전략에 나섰다면 트럼프는 오히려 대통령에 당선되지 못했을 수도 있다.

트럼프는 본인이 잘 할 수 있는 캐릭터를 가지고 기존에 소외되었던 유권자들을 공략했다. 다른 경쟁자가 눈여겨 보지 않았던 새로운 시장에서 돌파구를 찾은 것이다. 이러한 전략은 스타트업을 하는 창업자에게도 적용될 수 있다. 창업자는 본인이 잘 할 수 있는 것이 무엇인지 정확하게 인지해야 한다.
'뱁새가 황새를 따라가면 다리가 찢어진다.'는 말이 있다. 이미 선도기업이 잘 하고 있는 것을 본인이 하고 싶다고 하여 무작정 창업을 하면 성공할 수 있을까? 많은 창업자들은 이미 검증된 제품이나 서비스를 가지고 창업을 하려는 경향이 있다. 어떻게 보면, 그것이 안전한 전략처럼 보인다. 하지만, 내 제품이나 서비스가 선도기업의 제품이나 서비스를 능가하지 못한다면? 게다가 가격 경쟁력도 없다면?

많은 기술창업자, 아이디어 창업자들이 착각하는 것이 있다. '내 기술(또는 아이디어)은 다르다. 따라서 창업하면 성공할 수 있다.'라고 생각하는 것이다. 그런데, 그 기술 또는 아이디어가 단순히 다르기만 하다면 어쩔 것인가? 다르다고 해서 고객이 그 제품이나 서비스를 선택하지 않는다.

고객은 자기가 좋아하는 것을 선택한다는 것을 명심해야 한다.

〈대중 앞에서 막말하는 트럼프, 사진 출처 : AP통신〉

다시 트럼프 이야기로 돌아가보자. 트럼프는 후발 정치인으로서 선도 정치인이 잘 하고 있는 것을 따라가지 않았다. 그는 자기가 잘 할 수 있는 것을 가지고 새로운 시장을 창출했다. 그리고 창출된 새로운 시장의 영역을 확대하여 새로운 '판'을 만들어냈다. 마치 스티브 잡스가 아이폰을 출시하여 새로운 시장을 창출해 내고, 그 새로운 시장을 확대하여 피처폰(feature phone, 스마트폰이 출시되기 이전의 휴대폰)이 주류였던 전 세계 휴대폰 시장을 스마트폰으로 바꾼 것처럼 말이다.

차려준 밥상

2016년 10월 중국 광저우와 북경에서 진행되었던 'Y-Pump Up Batch China Demoday'에서 유독 돋보였던 스타트업 대표가 있었다. (Demoday란, 스타트업이 개발한 데모 제품, 사업 모델 등을 투자자에게 공개하는 행사를 말함. 이 말은 원래 미국 실리콘밸리에서 스타트업을 육성하는 프로그램 이름으로 사용되었다가 변형되었음.) 중국어를 잘 못하지만, 적극적으로 중국 투자자에게 다가가서 본인의 사업에 대해서 설명하고 최대한 많은 투자자들과 접촉을 시도하는 것이 눈에 띄는 사람이었다. 바로 레츠코리안의 이광헌 대표이다.

〈중국 투자자에게 설명하는 레츠코리안 이광헌 대표, 사진 제공 : Y&ARCHER〉

"레츠코리안의 비즈니스 모델은 매우 단순하지만, 한국어를 배우고자 하는 외국인들에게는 매우 필요한 서비스입니다. 무엇보다도 대표가 사업 추진의지가 강하다는 점이 좋게 보입니다. 아까 이광헌 대표와 이야기를 해 봤는데, 오랜 시간 동안 대화가 끊이지 않을 정도로 진화력도 좋더군요. 이번에 한국에서 온 스타트업 10개 기업 대표들 중 가장 인상적인 사람입니다."

데모데이에 참가했던 중국 투자자의 이야기다. 중국 광저우에서 비교적 큰 규모의 벤처캐피탈(venture capital, 기술력과 성장성은 있으나 경영기반이 약해 일반 금융기관으로부터 투자나 융자를 받기 어려운 벤처기업에 무담보 주식투자 형태로 투자하는 기업이나 펀드를 말함. 벤처기업에 대해서 은행 등 다른 금융기관들은 투자에 매우 소극적이나 벤처캐피탈은 적극적으로 투자할 벤처기업을 발굴하여 투자를 진행하며, 벤처기업이 주식을 상장할 경우 자본차익을 얻는 것이 투자의 주목적임.) 회사의 임원인 그녀는 문화콘텐츠 기업에 주로 투자하고 있어 레츠코리안에 관심이 많았다.

이광헌 대표를 포함하여 데모데이 행사에 참가했던 스타트업 대표들 몇몇이 이 중국 투자자와 따로 자리를 하게 되었는데, 그녀는 그 다음날 본인의 사무실에 초대하기도 했다. 이렇게 중국 투자자와 새로운 인연으로 발전하게 된 것은 이광헌 대표의 적극성이 시발점이 되었고 따로 자리를 가짐으로 인해 투자자와 좀 더 심도 있는 대화를 할 수 있었다.

〈중국 벤처캐피탈 THREE VC 사무실에 초대된 스타트업 대표들, 사진 제공 : Y&ARCHER〉

　이들은 광저우 데모데이 다음날 오전에 중국 투자자 사무실에 방문했는데, 이 행사를 준비한 액셀러레이터(스타트업을 선발, 육성, 투자까지 하는 전문기관. 액셀러레이터의 스타트업 육성 프로그램을 'Batch 프로그램'이라고 함.) 와이앤아처는 이 시간에 공식적으로 다른 일정을 준비해 놓고 있었다.　하지만, 이들은 본인들의 사업기회를 만들기 위해 스스로 새로운 일정을 즉석에서 만든 것이다.

〈중국 광저우에 위치한 벤처캐피탈인 THREE VC의 Yasmine Wei(가운데)와 스타트업 대표들. 오른쪽이 이광헌 대표, 사진 제공 : Y&ARCHER〉

배우 황정민은 영화 '너는 내 운명(전도연, 황정민 주연)'을 통해 2005년도에 청룡영화제 남우주연상을 받았다. 그는 이 날 수상소감을 이렇게 말했다.

"사람들에게 일개 배우 나부랭이라고 저를 소개합니다. 60여명의 스태프들이 차려놓은 밥상에서 저는 그저 맛있게 먹기만 하면 되기 때문입니다. 저만 스포트라이트를 받아 죄송합니다."

그렇다면, 맛있게 먹는 것은 과연 쉬운 일일까?

제3장 레츠코리안(Let's Korean) : 내가 잘 할 수 있는 것으로 승부하라 · 87

액셀러레이터는 밥상을 차려주는 역할을 한다. 맛있게 먹는 것은 스타트업 대표의 몫이다. 같은 대본이지만, 연기하는 배우에 따라 연기의 '맛'이 달라지듯이 차려준 밥상을 어떻게 먹느냐에 따라 스타트업의 미래가 달라진다.

이광헌 대표는 차려진 밥상을 적극적으로 활용했다. 본인에게 주어진 기회를 놓치지 않고 연결함으로써 더 큰 기회로 만드는 법을 알고 있었다. 스타트업 엑셀러레이팅을 할 때 보람을 느끼는 순간을 꼽으라면, 스타트업 기업을 도와주었을 때 그 도움이 실질적으로 기업 성장에 영향을 미칠 경우이다.

링크 비즈니스

　레츠코리안은 외국인들에게 한국어를 가르치고 수익을 얻는 것을 사업모델로 하고 있다. 이 기업을 창업한 이광헌 대표는 대학에서 같이 공부한 중국인 유학생과 대화를 하다가 아이디어를 얻었다. 한류에 관심이 있는 중국인들이 한국어를 배우고 싶어도 배울 수 있는 학원이 별로 없다는 것에 착안한 것이다. 게다가 중국인들은 대부분 위챗(WeChat, 중국 최대 인터넷 기업인 텐센트가 서비스하는 모바일 메신저. 2011년 1월 '웨이신'으로 처음 출시되었으며, 글로벌 시장을 겨냥하기 위해 2012년 4월 위챗으로 이름을 바꿈.)을 사용한다는 것을 기회로 포착했다.

〈위챗 이미지, 사진 출처 : 구글 플레이 스토어〉

"저는 영어도 잘 못하고, 중국어도 잘 못합니다. 어학교육 사업을 하기에는 적당치 않은 스펙이죠. 하지만, 한국어는 잘 합니다. 그래서 외국인에게 한국어를 가르치는 어학교육 사업은 가능하다고 생각했습니다. 우리가 원어민으로부터 영어를 배울 때, 수업이 영어로 진행되기 때문에 원어민은 한국어를 못 해도 상관없죠? 이것에 착안한 비즈니스 모델입니다. 거꾸로 생각한 것이죠."

레츠코리안의 한국어 교육 프로그램은 강사와 학생이 위챗의 무료통화 기능을 사용하여 1:1로 강의를 진행하는 방식이다. 그렇다면, 한국어 강사는 어떻게 구할 것인가? 어학교육에 있어서 가장 중요한 것이 가르치는 인력, 즉 강사이다. 좋은 강사가 많은 학원에 학생들이 몰리는 것은 당연하다.

"한국어 강사를 뽑는 것이 가장 쉬운 일이었습니다. 오프라인 학원에 소속된 강사의 경우에는 출퇴근을 해야 하고 정해진 시간에 강의를 해야만 하죠. 하지만, 레츠코리안에 소속된 한국어 강사들은 다른 일을 하면서 동시에 이 일을 할 수가 있습니다. 투잡(two jobs)을 할 수 있다는 뜻입니다. 본인이 편한 시간에 원하는 장소에서 강의를 할 수 있기 때문이죠. 게다가 시간당 급여도 높습니다. 현재 책정된 시급이 기본적으로 시간당 13,000원인데 경력을 쌓으면 시급을 더 올려줄 계획입니다. 이번에 강사 채용 공고를 냈을 때, 경쟁률이 20:1이나 됐습니다."

〈레츠코리안 홈페이지, www.letskorean.com〉

이대표가 창업 초기에 생각한 비즈니스 모델을 정의하자면, 링크 비즈니스(Link-business)라고 볼 수 있다. 한국에는 편하게 고소득을 올릴 수 있는 아르바이트를 얻고자 하는 인력들의 공급이 많기 때문에 한국어를 배우고자 하는 중국인 고객들만 찾아내어 서로를 링크만 시켜주면 되는 비즈니스인 것이다. 게다가, 중국인들 대부분이 사용하는 위챗을 사용하면 무료로 전화 통화를 할 수 있기 때문에 교육에 필요한 비용을 따로 지출할 필요가 없어 저비용으로 사업이 가능하다는 장점도 있다.

앞서 이광헌 대표의 말에서 알 수 있듯이 교육사업을 하는 레츠코리안의 창업자는 교육전문가가 아니다. 중국인 고객을 타겟(target)으로 하는데도 중국어도 잘 못한다. 그래서 그는 본인이 잘 할 수 있는 것에 집중하여 비즈니스 모델을 만든 것이다.

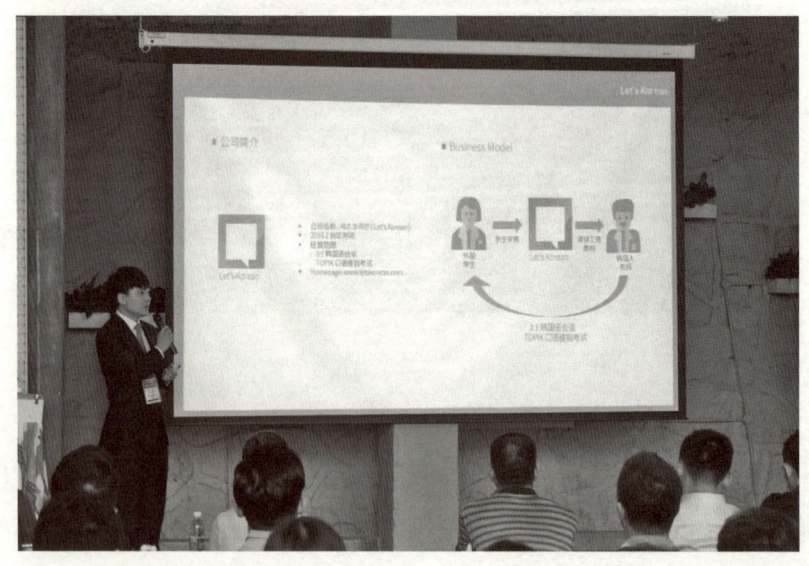

〈중국 투자자들에게 비즈니스 모델을 설명하는 이광헌 대표, 사진 제공 : Y&ARCHER〉

"제가 창업을 하게 된 결정적인 계기는 전화 한 통 때문이었습니다. 제가 생각한 아이디어를 적용하여 창업을 하고 싶다는 막연한 생각이 있어서 우선 창업 강의를 듣고 싶은 생각에 제가 다니고 있는 대학교 창업교육센터에 전화를 걸었습니다. 당시 담당자가 이신영 선생님이었는데, 창업에 관심이 있느냐고 물으시더군요. 그래서 관심이 있다고 대답했더니, 학교 창업동아리에 들어오라는 겁니다. 그 전화통화 때문에 창업동아리에 지원을 했고, 선정이 되어서 창업동아리 활동을 할 수 있게 되었습니다. 창업동아리 활동을 통해 창업에 대한 생각을 구체화 시킬 수 있게 되었고, 이렇게 창업까지 할 수 있게 되었습니다. 그때, 창업동아리에 들어오라고 권유해 주신 이신영(서울과학기술대학교 창업교육센터 주무관) 선생님께 감사드립니다."

창업자에게 가장 중요한 것은 '기업가정신'

2016년도에도 여전히 코스닥 시장에서 기업가치가 가장 높은 기업은 '셀트리온'이다. 2016년도 11월을 기준으로 셀트리온의 시가총액(총발행주식수에 현재주가를 곱한 것으로 기업가치를 계산할 때 쓰임.)은 12조원을 상회한다.

〈셀트리온, 사진 출처 : 셀트리온 홈페이지〉

셀트리온은 바이오시밀러(biosimilar, 생물의 세포나 조직 등의 유효물질을 이용하여 제조하는 약인 바이오 의약품의 복제약.)를 생산하는 회사이다. 고가의 바이오의약품을 복제하는 것은 화학합성의약품인 제네릭(특허가 만료된 오리지널 의약품의 카피약을 지칭하는 말로 제약협회에서는 '카피약' 대신 제네릭을 공식용어로 사용키로 결정함.) 보다는 바이오시밀러를 제조하는 것이 훨씬 난이도가 높다는 것을 짐작할 수 있다.

바이오시밀러는 오리지널 바이오의약품과 동등한 치료효과를 가지고 있으면서도 더 낮은 의약품 가격으로 더 많은 환자에게 치료 혜택을 제공함으로써 사회경제적으로 도움을 주는 의약품이라고 볼 수 있다. 셀트리온은 국내기업으로는 최초로 바이오시밀러를 상품화하여 매출을 하고 있는 회사이다.

이 어려운 일을 해 낸 셀트리온의 창업자는 바이오 전공자가 아니다. 창업자 서정진 회장은 대학에서 산업공학을 전공했고, 직장생활도 바이오 분야와는 무관한 곳에서 근무했던 인물이다. 그는 삼성전기, 한국생산성본부, 대우자동차 등 바이오 산업과는 거리가 먼 분야에서 경력을 쌓았는데, 1998년 외환위기 때, 대우자동차가 경영위기에 몰리면서 서회장은 회사를 그만둬야 했다. 그는 몇 년 동안 고심하여 그 당시 한국에서는 생소한 분야인 바이오 산업에 진출하기로 결심했다.

2002년에 창업한 셀트리온이 창업 후 10년이 지난 후에도 셀트리온과 셀트리온의 바이오시밀러 제품 '램시마'의 성공을 믿는 사람은 많지 않았다. 심지어 창업자 서정진 회장을 가리켜 '사기꾼'이라고 모함하는 목소리까지 나왔다. 한국의 작은 벤처기업이 대규모 투자가 필요한 바이오시밀러 사업에 성공할 수 있을 것이라고 생각하기 어려웠던 것이다.

하지만 서회장의 기업가정신은 어려운 환경을 극복할 힘을 갖고 있었다. 인내심을 갖고 밀어붙인 끝에 그는 다국적 제약사도 미처 엄두를 내지 못했던 항체 바이오시밀러라는 신시장을 개척했고, 그 시장의 선두주자로 자리매김할 수 있었다.

⟨2016년 10월 인천대학교 특강 중인 서정진 회장, 사진 출처 : INUBS⟩

서회장은 2016년 10월 인천대학교 강연을 통해, 셀트리온과 셀트리온제약

등 본인이 지배하고 있는 계열사들의 2016년 순익이 6천억원에 달하고 2017년에는 1조원을 넘어설 것이라고 자신했다. 주력 제품인 바이오시밀러 '램시마'가 유럽 판매에 호조를 보인데다 2016년 11월에는 미국에도 수출을 시작한다는 것이다.

서정진 회장의 성공 스토리에서 주목해야 할 점은 기술력이 회사구성의 중요한 요소인 바이오 기업의 창업자가 바이오 분야를 전공하지도 바이오 분야에서 근무하지도 않았다는 점이다. 오히려 바이오 전공자나 바이오 분야 경험자라면 셀트리온 같은 회사를 창업하려는 시도를 하지 않았을 수도 있다. 사업을 하기에는 너무나 장벽이 높다는 것을 잘 알기 때문이다.

불가능할 것이라는 많은 사람들의 예상을 깨고, 셀트리온이 바이오시밀러 개발에 성공하고 해외로 매출이 증가하고 있는 상황을 지켜보며 창업자가 갖추어야 할 가장 중요한 자질은 '기술'이 아니라 '기업가정신'이라는 것을 알 수 있다.

레츠코리안의 이광헌 대표는 어학교육 사업을 하고 있지만, 교육 분야 전공자도 아니고 어학 전공자도 아니다. 레츠코리안이 진행하고 있는 모바일 앱 개발과 VR(virtual reality, 가상현실)컨텐츠 개발과 관련한 엔지니어도 아니다. 그렇다면, 이대표의 역할은 없는 것인가?

그렇지 않다. 창업자가 해야 할 가장 중요한 역할은 비즈니스 아이디어를 현실화 시키는 것이다. 그 과정에서 본인이 능력을 갖고 있지 않다면, 능력을 갖고 있는 파트너를 영입하든지, 능력을 갖고 있는 직원을 채용해야 한다. 그 파트너나 직원은 창업자를 보고 기업에 합류하게 된다. 아무것도 없이 계획만 갖고 있는 스타트업에 누가 선뜻 입사하고 싶겠는가?

스타트업이 성장할 수 있도록 힘을 보태줄 능력 있는 사람들을 모으고 그 사람들을 관리하는 것, 그것이 창업자의 가장 큰 역할이다.

〈팀빌딩 중인 레츠코리안 구성원들, 사진 제공 : 레츠코리안〉

액셀러레이팅 전과 후

레츠코리안이 '2016 Y-Pump Up Batch'에 선발되기 전, 비즈니스 모델은 아주 단순했다. 한국어를 1:1로 배우고 싶어하는 중국인이 홈페이지를 통해 가입을 하고 신청을 하면, 강사를 연결해 주고 학생과 강사가 위챗을 통해 대화를 하면서 한국어 교육이 이루어지는 시스템이었다. 이러한 비즈니스 모델은 진입장벽이 낮기 때문에 비교적 쉽게 준비를 해서 사업을 진행할 수 있다.

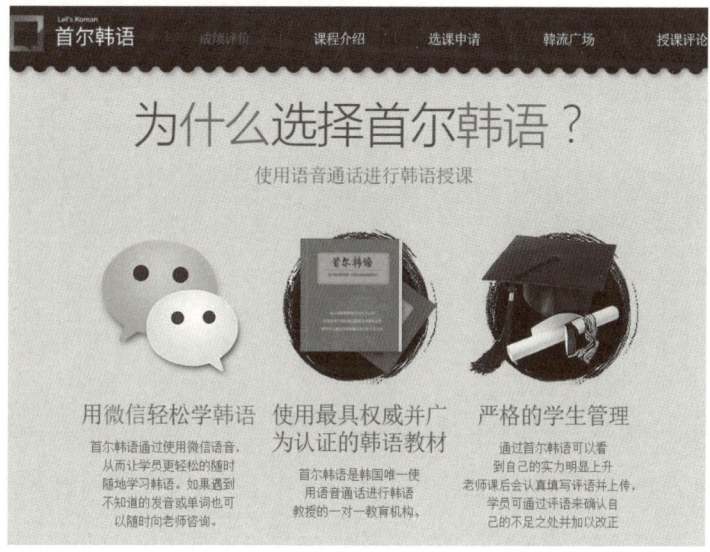

〈레츠코리안 홈페이지, 출처 : www.letskorean.com〉

학생을 모집하는 것도 체계적으로 마케팅을 진행하는 것이 아니라 홈페이지를 제작해 놓고 무료강좌를 하여 모집된 학생들에게 시범적으로 서비스를 하고 있는 상황이었다. 하지만, 서비스를 유료로 전환했을 때, 학생들이 모일 수 있을지에 대해서는 장담할 수 없었다. 레츠코리안의 인지도가 낮았기 때문이다.

'2016 Y-Pump Up Batch' 프로그램에서는 레츠코리안에 대한 액셀러레이팅 전략을 다음과 같이 설정했다.

① 자체 교육 컨텐츠를 개발하여 교육 서비스의 질을 높이자.

② 단순하게 1:1 한국어 대화 강의 서비스보다 좀 더 집중적인 서비스를 개발하자.

③ 스마트폰으로 편리하게 이용할 수 있도록 앱을 개발하여 고객 편의성을 높이자.

④ 앱을 통해 구현할 수 있는 서비스로 VR 컨텐츠를 넣어 고객 만족도를 높이자.

⑤ 대표가 영업에 집중할 수 있도록 서비스를 도와줄 팀원들을 확보하자.

액셀러레이팅 이후, 이광헌 대표는 레츠코리안에서 일할 팀원들을 확보하여 기업의 체계를 잡아가면서 그동안 개인사업자였던 것을 법인사업자로 전환했다. 기존 서비스가 단순하게 대화를 통한 한국어 교육이었다면, 한국어능력시험(TOPIC, Test of Proficiency in Korea) 중 말하기 시험을 대비하는 서비스로 집중화 시켰다.

〈레츠코리안 서비스 내용, 출처 : 레츠코리안 사업계획서〉

"TOPIK 점수는 한국 대학으로 유학을 오거나, 외국인이 한국 기업에 취업을 할 때 필수적으로 필요합니다. 그 동안 말하기 시험은 도입하지 않았지만, 2017년부터 TOPIK 말하기 시험이 도입될 예정입니다. 레츠코리안의 서비스는 TOPIK 말하기 시험 대비에 최적화하여 준비할 수 있기 때문에 2017년부터 서비스를 이용하는 고객들의 숫자가 증가할 것으로 예상됩니다."

투자자 IR에서 이광헌 대표가 투자자들의 질문에 답변한 것이다. 액셀러레이팅을 통해 집중도가 높은 타겟 서비스를 개발하자, 고객들의 숫자가 어느 정도 될 것인지 예측이 가능해진 것이다.

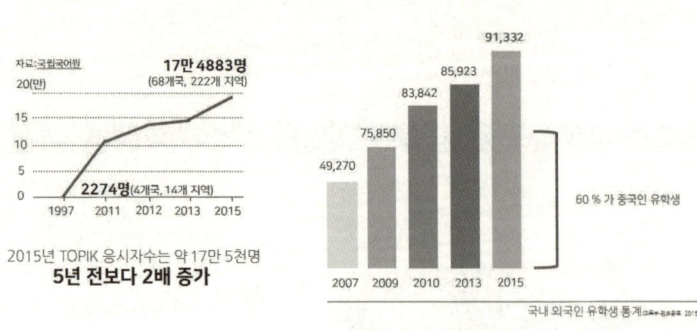

〈레츠코리안 시장 조사 결과, 출처 : 레츠코리안 사업계획서〉

"2015년 TOPIK 응시자 수는 약 17만5천명으로 5년전에 비해 2배로 늘어났습니다. 한국으로 유학을 오는 유학생들의 숫자도 매년 늘어나는 추세입니다. TOPIK 말하기 시험 도입은 레츠코리안에게 좋은 기회가 될 것으로 생각되며 우리 서비스의 마케팅 포인트가 될 것으로 보고 있습니다."

레츠코리안은 액셀러레이터 와이앤아처에서 투자한 투자금으로 앱 서비스를 개발하고 있다. 신규 가입자가 앱을 통해 한국어 실력을 테스트 받고, 강의료 결제도 가능하며 본인의 학습 스케줄도 체크할 수 있다. 앱에서 바로 위챗으로 연결되어 강사와도 커뮤니케이션이 가능하다.

"그동안은 고객들이 웹을 통해 가입을 하고 테스트도 받고, 학습 스케줄도 체크를 했습니다. 하지만, 강의 서비스는 스마트폰의 위챗을 이용해야 했지요. 이제 앱이 개발되면 스마트폰으로 모든 것을 할 수 있기 때문에 고객들이 더 편리하게 서비스를 이용할 수 있을 것으로 보입니다."

앱이 개발되면 학생들은 강사와 1:1 대화 뿐만 아니라 앱을 통해 말하기 실력을 체크할 수 있게 된다.

"고객들은 앱에 있는 녹음 기능을 활용하여 한국어로 말을 하면서 녹음을 하게 되면 음성파일이 강사에게 전달되어 강사가 그것을 듣고 평가서를 작성하게 됩니다. 고객들은 그 평가서를 보고 피드백을 받을 수가 있지요."

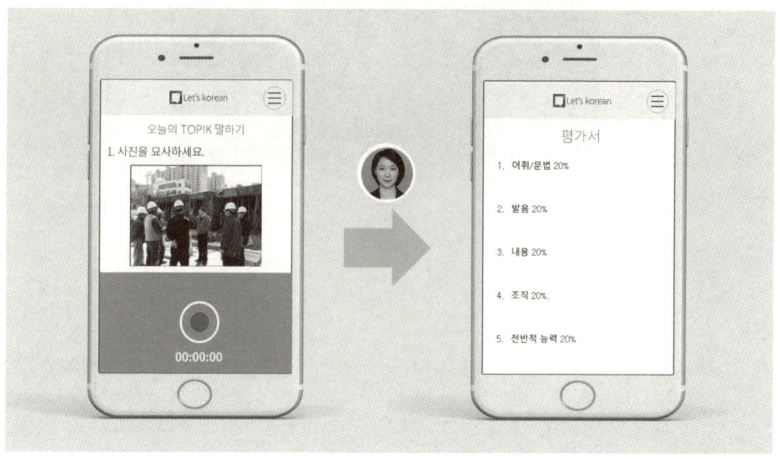

〈레츠코리안 앱 서비스. 출처 : 레츠코리안 사업계획서〉

액셀러레이팅 이후, 레츠코리안의 달라진 사업계획 중 특이한 것이 있다면 바로 VR 컨텐츠의 도입이다. VR 컨텐츠는 그 동안 게임 등 엔터테인먼트 분야에서 주로 활용되었고 어학교육에서 활용되지는 않았다. 그것은 VR 시장이 아직 미성숙하기 때문인데 앞으로는 달라질 것으로 보인다.

"과거에도 VR 헤드셋이 있었습니다. 하지만 사람들은 사용하지 않았죠. VR 기기 성능과 컴퓨터 성능이 낮아 제대로 된 VR 제품을 만들 수 없었기 때문이었습니다. 하지만 최근 VR 관련 기술이 일정 수준에 이르면서 본격적인 시장이 열리고 있다고 봅니다."

〈레츠코리안 VR컨텐츠 예시, 출처 : 레츠코리안 사업계획서〉

레츠코리안의 VR 컨텐츠 도입은 미국과 중국의 투자자들에게 큰 호응을 얻었다. 앞으로 VR 시장이 성장하지 않을 것이라고 생각하는 투자자들은 거의 없다. VR 시장은 앞으로 큰 성장을 할 것이라고 예측되고 있다. 아이리서치 보고서에 따르면, 중국의 VR 시장이 2020년에 550억 위안(한화 약 10조원), 이용자수는 2천5백만명에 달할 것으로 전망되고 있다. 2020년에는 중국이 전세계 VR시장의 30% 이상을 점유할 것으로도 예측된다.

"미국과 중국의 투자자들이 우리의 VR 컨텐츠에 많은 흥미를 보였습니다. 특히 한국 드라마를 좋아하는 한 투자자는 한국 드라마의 장면들을 VR 컨텐츠로 제작하여 사용자가 드라마 속 상황을 VR 컨텐츠를 통해 체험하게 하면 매우 재미있을 것 같다고 말씀하시더군요."

레츠코리안만의 VR 컨텐츠는 일상 생활 속에서 사용할 수 있는 한국어 표현을 학습할 수 있도록 상황에 맞는 컨텐츠의 제작을 진행하고 있다. 예를 들어 대학 강의실에서 쓰는 한국어 표현, 한국에서 지하철을 탈 때 쓰는 한국어 표현 등 다양한 한국어 표현을 상황에 맞게 제작하고 있다.

〈레츠코리안 VR컨텐츠 예시, 출처 : 레츠코리안 사업계획서〉

레츠코리안, 중국 진출 전략

이광헌 대표는 '2016 Y-Pump UP Batch'를 통해 중국에서 마케팅을 할 수 있는 기회를 얻었다. 중국 데모데이에서 투자자들도 만났지만, 대학 관계자들과도 만날 수 있는 기회가 있었기 때문이다. 광저우대학과는 MOU(Memorandum of Understanding의 줄임말로 양해각서라고 함. 일반적으로 MOU는 어떠한 거래를 시작하기 전에 쌍방 당사자의 기본적인 이해를 담기 위해 진행되는 것으로 체결되는 내용에 구속력을 갖지 않는 것이 일반적임.)를 맺는 성과도 거두었다.

"광저우대학 행사에서 만난 광저우대학 학장님과 레츠코리안 서비스에 대한 이야기를 할 수 있는 기회가 있었습니다. 광저우대학에 한국어 교육 프로그램이 개설되어 있기는 하지만 컨텐츠가 부족하다는 이야기를 듣게 되었습니다. 그래서 광저우대학과 레츠코리안이 같이 협약을 맺고 한국어 교육 프로그램을 진행해 볼 계획입니다."

〈광저우 대학 행사에 참가한 이광헌 대표(앞줄 왼쪽), 사진 제공 : Y&ARCHER〉

　레츠코리안 비즈니스 모델을 완성하기 위한 핵심은 바로 '고객 유치 마케팅'이다. 학생들을 가르치는 강사풀은 확보해 놨기 때문에 강사료를 내고 서비스를 이용할 학생들에 대한 영업을 해야 하는 상황인 것이다.

　"이번 중국 데모데이를 통해 광저우대학 뿐만 아니라 여러 대학 관계자들을 만날 수 있었고, 좋은 비즈니스 파트너가 될 수 있을 것으로 기대됩니다. 북경에서는 중국에서 가장 큰 한국어 어학원을 하는 대표를 연결해 주겠다는 분을 만나게 되었습니다. 그 어학원은 학생수는 많은데 컨텐츠가 부족하다고 하네요. 레츠코리안과 협력하면 서로 발전할 수 있는 구조가 되지 않을까 생각됩니다."

〈Y-Pump Up Batch 광저우 데모데이에 모인 중국 투자자들, 사진 제공 : Y&ARCHER〉

"제가 액셀러레이팅 프로그램에 참여하기 전에는 제 생각대로 그냥 사업을 진행했어요. '내가 생각하기에는 이러니까 고객들도 좋아할거다.' '투자자들도 이렇게 하면 맞다고 생각할거다.' 이렇게 될 거라고 생각했죠. 제 생각이 맞다고 생각했기 때문이죠. 그런데, 이 프로그램에 들어오고 나서 '내가 정말 체계 없이 하고 있구나.' 이런 생각을 많이 했습니다. 다른 창업팀들이 하는 것을 보면서 '저 분들은 저렇게 하고 있구나.' 하는 생각도 하면서 배우기도 많이 배웠습니다. 가장 중요하게 배운 것은 사업은 되는 데로 하지 말고 시스템을 갖춰야 한다는 것이었습니다. 그래서 사업에 필요한 인력도 충원하고 사업 진행에 맞게 역할 분담도 해서 체계적으로 진행하려고 하고 있습니다."

〈중국의 한 매체와 인터뷰하는 이광헌 대표, 사진 제공 : Y&ARCHER〉

"사업을 시작할 때는 막연하게 '이걸 하고 싶으니까 이걸 해야지.'라고 생각했었는데, 이 프로그램에 들어와서 '내가 진짜로 하고 싶은 것이 어떤 것인가?'를 구체적으로 명확하게 알게 된 것 같아요. 그 동안 깨닫지 못했었지만, 제가 하고 싶은 것을 깨닫게 해 준 프로그램이었습니다."

액셀러레이팅 프로그램을 이수한 후, 이광헌 대표가 생각하는 레츠코리안의 비전은 '세계 최고의 한국어 교육회사가 되는 것'이다.

"현재는 중국 시장에서 일대일로 말하기 교육 사업을 하고 있는데, 향후에는 말하기 뿐만 아니라 쓰기, 읽기 교육까지 진행하여 중국시장에서 토탈 한국어 교육 서비스를 제공하는 회사가 될 겁니다. 현재는 음성 서비스만 되고 있지만,

내년부터는 화상 서비스도 하고 전자칠판도 도입해서 선생님이 칠판에 글자도 써주면서 가르치는 시도도 진행할 것입니다."

이대표는 와이앤아처의 글로벌 액셀러레이팅 프로그램이 레츠코리안의 글로벌 진출에 굉장한 기회를 주었다고 말한다.

"사업을 시작하면서 레츠코리안의 고객들은 대부분 중국에 있는데, 막상 중국에는 올 기회가 별로 없었습니다. 중국에 오더라도 고객을 확보하기 위해서 누구를 만나야 할지도 잘 몰랐고요. 이번에 중국에 와서 여러 사람들을 만나면서 영업을 하기 위해서는 누구를 만나야 될지 명확해 진 것 같습니다."

〈북경 데모데이에서 발표하는 이광헌 대표, 사진 제공 : Y&ARCHER〉

이대표는 중국 시장 진출로만 만족하지는 않을 것으로 보인다.

"이번에 광저우대학과 MOU를 맺게 되었는데요, 이것을 계기로 중국의 여러 대학과 MOU를 맺고 우리의 서비스를 같이 진행하고 싶습니다. 그리고 대학들과 연결이 되어 있는 학원들이 있어요. 그 학원들과도 연계해서 사업을 진행한다면, 사업을 더 확대할 수 있을 것 같습니다. 일단 중국 시장에서 확고하게 입지를 다진 후, 동남아와 미국시장에 진출을 할 계획입니다."

내가 진짜 원하는 것에 도전하세요. 저는 지금 그렇게 하고 있습니다.

_ 레츠코리안 이광헌 대표

에이치네스트(H-NEST) :
캐릭터는 전 세계에서 통한다

제4장 에이치네스트 (H-NEST) :
캐릭터는 전 세계에서 통한다

서울대학교 A+ 학점의 비법

다음은 출판사 '다산에듀'가 출판한 어떤 책을 소개하는 글이다.

서울대 교수학습개발센터에 재직했던 이혜정 박사는 똑똑한 학생들이 모인 서울대 안에서도 빼어난 학업 성적을 기록한 학생들의 특징과 공부법에 관한 연구 프로젝트를 수 년에 걸쳐 진행해 왔다. 프로젝트의 결과는 가히 충격적이었다. 그들은 대학과 사회가 기대하는 공부가 아닌, 초중고 방식의 연장 선상에 있는 수용적 학습을 고수하고 있었다. '서울대에서는 누가 A+를 받는가'는 서울대 최우등생들의 생생한 목소리를 고스란히 담아, 한국 최고의 명문대라 일컬어지는 서울대의 현실을 그대로 보여 준다.

〈'서울대에서는 누가 A+를 받는가' 책 소개,
출처 : 다산에듀〉

몇 년 동안 이 것을 연구한 책의 저자 이혜정 박사 연구팀은 서울대학교 학생 1,100명을 대상으로 심층면접을 통해 연구했다. 이 책의 소개글에 따르면 그 결과가 '가히 충격적'이라고 표현하고 있다.

이박사의 연구결과에 흥미를 갖게 된 EBS는 '다큐프라임 교육대기획' 이라는 프로그램에 이 주제를 편성했다. 프로그램 제목은 '4부-서울대 A+의 조건' 이었고 2015년 12월 14일 밤에 방송되었다.

이 방송에 나와 인터뷰를 한 서울대학교 학생들의 이야기이다.

"수업시간에 아예 노트북으로 교수님께서 하시는 말씀을 아예 시나리오 적듯이 받아 적어요."

"교수님의 설명을 상세하게 쓰고 또 쓰죠."

"기본적으로 많이 외웁니다."

"진짜 토씨 하나 안 빠지게 써야 하는 경우가 많아요."

"어떤 학생이 교수님께서 하시는 말씀을 노트북으로 하루 종일 치고 있다면, '어? 쟤는 A+다!'라고 말하죠."

"어느 정도까지가 아니라, 들리는 것은 거의 다 받아 적는 수준으로 적어야죠."

"스마트폰 녹음기를 켜서 녹음을 해둬요. 그래서 나중에 수업이 끝났을 때나 시험기간이 되었을 때, 다시 녹음을 들으면서 필기를 정리하는 방식으로 공부하죠."

"앵무새가 되어야죠. 그냥… 별로 의문을 갖지 않으면 되요. 교수님이 알려주신 거 받아 적고, 이 부분에 농담하신 거는 어떤 맥락에서 농담을 하신 거라는 것을 적고, 그 다음에 PPT를 외우고 속기했던 것을 요약해서 다시 외우고, 교과서를 보고, 기출문제를 구해서 풀죠."

"교수님이 말씀을 하시면 여기저기서 '다다다' 소리가 나요. 그리고 말씀을 멈추시면 딱 소리가 멈추고…"

"이게 고등학교 때 하던 방법이거든요. 그런데, 대학교 와서도 고등학교 때 하던 방법과 크게 다르게 공부하고 있지 않다고 생각했어요."

이 방송에서는 서울대학교 학생들에게 이런 질문도 했다. "자신의 좋은 아이디어가 교수의 생각과 다를 때, 과제에 추가하는가?"

"그렇게 적으면 절대 안되죠."
"교수님의 견해, 분석, 해석을 좀 더 쓸 것 같아요."
"남들은 하지 않는데 굳이 시도를 할 용기는 나지 않을 것 같아요."
"교수님이 원하는 답이 이렇게 있는데, 제가 거기다가 새로운 예를 들거나 새로운 시각을 덧붙이거나 하는 것은 불필요한 부분이기 때문에 감점이 많이 되거든요."

이 방송에서는 서울대학교 학생들이 '이렇게 공부하지 않으면 죄책감을 느

낀다'고 까지 하면서 한 학생을 심층 인터뷰 했다.

"제가 질문을 워낙 많이 하니까 사람들이 대충 '11학번 OOO입니다.'라고 하면 '저 사람이구나.'라고 인지하는 것 같아요. 교수님이 'OO학생, 질문하느라 정말 수고 많았어요.'라고 기억해 주실 정도로 공부를 많이 했는데, 그것을 제한된 시간 내에 문제로 푸는 연습을 안 했었거든요. 그래서 시험을 못 보니까 성적은 높지않게 나왔습니다."

이 학생은 서울대학교에서 A+를 받은 학생들의 비법을 그대로 따라 해봤다고 한다.

"교수님이 하는 말씀을 전부 받아 적었어요. 녹음하고, 전부 받아 적고, 파일 형식으로 만들어서 시험을 볼 때, 제가 작성한 답안지를 달달 외워서 그대로 토씨 하나 안 틀리고 쏟아 붓는 형식으로 공부했죠."

이 학생의 성적은 어떻게 되었을까?

"폭풍 상승을 했죠. 저는 성적장학금을 받아 본 적이 없었는데, 장학금 받아서 되게 놀랐어요. 효도한 느낌도 들더군요. 전부 A학점대가 나왔고요. 특히 1학기와 여름방학에는 A+가 제 성적표에서 가장 많은 학점이어서 행복한 결말을 얻게 되었죠."

이 학생에게 좋은 학점을 받게 되어 행복한지에 대해 질문했다.

"과거에 제 방식대로 공부할 때는 힘들다는 말은 많이 했지만, 재미가 없는 건 아니었거든요. 굉장히 재미있지만 시키는 게 많은 과목을 수강하다 보니까 힘들었던 것인데 공부 방법을 바꾸어서 공부할 때는 '너무 재미가 없어서' 힘들었습니다. 실질적으로 '나'는 존재하지 않았다고 생각합니다."

서울대학교에서 A+ 학점을 받는 학생들에게 이러한 공부 방법이 효과가 있는 것인지 질문했다.

"시험기간 3~4일 동안 외운 것으로 시험을 보는 것인데, 3~4일 동안 외운 게 한 학기 두 학기 지나면 당연히 머릿속에서 사라지게 되죠."
"이 교수님의 말 하나하나를 배우고 있는 건지 정말 이 학문을 배우고 있는 건지 헷갈릴 때가 있죠."
"제가 1학년 때 흥미가 있어서 저 하고 싶은 대로 했던 과목들에서 배운 내용들은 아직도 조금씩 기억이 나거든요. 그런데, 좀 심한 사례를 말씀드릴께요. 저번 학기에 들은 OOO 수업은 제가 정말 잘 했어요. 수학적으로 온갖 증명을 다 하고… 그리고 이번 학기에 제가 다시 OOO 수업을 듣거든요. 그런데, 지난 학기에 배웠던 내용이 기억이 하나도 안 나는 거에요. 교수님이 강조했던 것만 외우고 들어가서 바짝 시험 보고 나오니까 그런 것 같아요. (웃으며) 사실 매 학기마다 새로워요. 점점 내용이 진행되어야 되는데, 새롭고 항상 까먹어요."

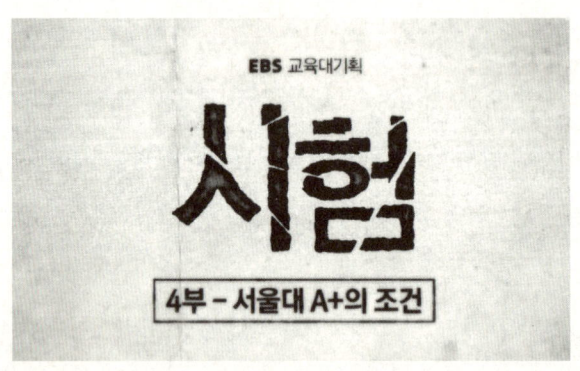

〈지금까지 학생 인터뷰 출처 : EBS 교육대기획 4부–서울대 A+의 조건〉

이렇게 공부한 학생들이 과연 창업에 도전할 수 있을까? 창업자에게는 기업가정신이 있어야 성공할 가능성이 높다. 기업가정신은 무엇인가? 기업가정신을 한 마디로 표현하라고 하면, '변화의 모색'이라고 하겠다. '기존에 하던 방식에서 벗어나 변화를 모색해 보는 것'이 기업가정신이라는 말이다.

학생이 좀 틀리면 어떤가? 새로운 방식을 도전했다는 것 자체만으로도 박수를 쳐 줘야 하지 않을까? 학생들에게 다르게 생각해 볼 수 있는 다양한 기회를 주지 않는데, 창의적인 인재를 기대할 수 있겠는가?

덕후

요즘 '덕후'라는 말을 많이 쓰는데, 이것은 국어사전에는 등장하지 않는 신조어(시대의 변화에 따라 새로운 것들을 표현하기 위해 새롭게 만들어진 말이나 외래어로 많은 사람들이 오랫동안 사용하게 되면 새로운 단어가 되기도 함.)이다. 이 말은 일본어인 오타쿠(御宅)를 한국식 발음으로 바꿔 부른 말인 '오덕후'의 줄임말로 뜻은 오타쿠(오타쿠는 1970년대 일본에서 등장한 신조어로 원래 집이나 댁이라는 뜻이지만 집안에만 틀어박혀서 취미 생활을 하는, 사회성이 부족한 사람이라는 의미로 사용됨.)와 동일하다. 덕후는 어떤 분야에 몰두해 마니아(mania, 어떤 한 가지 일에 몹시 열중하는 사람. 또는 그런 일) 이상의 열정과 흥미를 가지고 있는 사람이라는 긍정적인 의미로도 쓰인다.

한 소녀가 있었다. 이 소녀는 중학생이 되었을 때부터 '구체관절인형(ball jointed doll, 球體關節人形, 인형의 관절 부위를 둥글게 해 관절이 자유롭게 움직일 수 있도록 만든 인형.)'에 관심이 많았다. 그녀는 용돈을 모아 고가의 구체관절인형을 사고, 이러한 인형을 만드는 작가들에게 열광했다. 중학생 때부터 구체관절인형 덕후였던 그녀의 이름은 에이치네스트 신유경 대표이다.

그녀는 다른 사람들이 만든 인형을 사기도 했지만, 중학교 때부터 본인 스스로가 인형을 만드는 것도 좋아했다.

〈신유경 대표가 중학생 때 만든 펭귄인형 피규어, 사진 제공 : H-NEST〉

중학교 때 만들었던 펭귄인형은 구체관절인형은 아니고 반죽을 하여 색을 칠한 아주 기본적인 형태의 인형이었다.

〈신유경 대표가 중학생 때 만든 펭귄인형 원형반죽, 사진 제공 : H-NEST〉

고등학교에 진학한 그녀는 자신의 작품을 여러 가지 형태로 발전시켰다. 본인의 컨텐츠가 없었던 그녀는 자신이 좋아하던 네이버 웹툰 캐릭터 '정열맨'('정열맨'은 웹툰작가 귀귀(貴句)가 네이버 웹툰에서 연재했던 만화로 2008년 네이버 도전만화에서 연재되었다가 2008년 6월부터 네이버 웹툰에서 정식 연재됨.)'을 인형으로 만들어보기도 했다.

〈신유경 대표가 고등학생 때 만든 정열맨, 사진 제공 : H-NEST〉

"어렸을 때부터 인형이 좋았어요. 인형을 가지고 노는 것도 재미있었고 인형을 보는 것도 좋아했죠. 지금도 인형을 보는 게 좋아요. 어떤 작가가 새로운 인형을 만들었다고 하면 가장 먼저 관심이 가고, 자세히 살펴보게 됩니다."

그녀는 고등학교 때부터 본격적으로 자신이 만든 캐릭터로 '구체관절인형'

제작을 시작했다.

"고등학생 때 만든 캐릭터는 아무래도 다른 작가들이 만든 인형들을 모방하게 되더군요. 그건 어쩔 수 없는 것 같아요. 제가 어리기도 했고 다른 작가들의 인형들을 보면서 영향을 받지 않을 수 없었겠죠."

〈신유경 대표가 고등학생 때 만든 구체관절인형, 사진 제공 : H-NEST〉

구체관절인형이라고 하면, 대부분의 인형들이 사람의 형상을 하고 있다. 관절이 꺾이는 형태를 구현하는 것은 원래 사람 형상의 인형을 표현하기 위한 것이었다. 그래서 구체관절인형은 사람의 형태로 발전해 왔다.

수작업으로 진행되는 구체관절인형은 재료비도 비싸지만, 인형을 만드는 사람의 노력이 많이 들어가는 섬세한 작업이다. 그래서 인형 마니아들 사이에서는 이런 인형을 만드는 사람을 '작가'라고 부른다. 이런 인형들은 인형 원형만

해도 수십만 원에서 비싼 것은 수백만 원을 호가한다. 원형 이외의 도색, 의상, 가발 등을 구입하기 위해서는 별도의 비용을 지불해야 한다.

〈고가의 구체관절인형 사례,
사진 출처 : 인형판매사이트 LUTS〉

"인형 시장은 인형에 관심이 없는 사람들이 생각하는 것보다 큽니다. 구체관절인형 뿐만 아니라 피규어, 페이퍼토이, 미니어처, 아트토이, 레고, 축소 모형인 디오라마, 프라모델, 웹툰 캐릭터 등 장르도 매우 다양하죠. 한국콘텐츠진흥원에 따르면 2016년도 국내 완구시장은 1조원, 캐릭터 시장은 9조원에 이를 것으로 전망했고 키덜트 시장도 1조원에 이를 것으로 추정됩니다."

키덜트는 어린이를 뜻하는 '키드(Kid)'와 어른을 의미하는 '어덜트(Adult)'의 합성어로 '아이들 같은 감성과 취향을 지닌 어른'을 지칭한다. 키덜트는 유년시절 즐기던 장난감이나 만화 등에 향수를 느껴 이를 다시 찾는 20대 이상의 성인계층을 말하는 것으로 구매력 있는 소비자라고 볼 수 있다.

"고등학생 때부터 구체관절인형을 본격적으로 만들기 시작했어요. 사람의 형상을 주로 디자인했는데, 완성품은 4개를 만들었고, 완성품이 아니어도 머리는 열 개 이상 만들고 스케치도 자주 했어요."

〈신유경 대표의 고등학생 때 인형 스케치,
사진 제공 : H-NEST〉

〈신유경 대표의 캐릭터 인형 스케치, 사진 제공 : H-NEST〉

"대학은 제가 좋아하는 인형 만드는 것과 비슷한 전공을 찾아보다가 금속공예를 선택했습니다. 그리고 조형예술학과를 복수전공 했죠. 저만의 인형을 만들고 캐릭터를 만드는 것은 창의적인 작업인데, 사실 이 부분에서 학교에서 배운 건 별로 없는 것 같아요. 작가들은 자기만의 세계에서 창의성이 나옵니다."

〈신유경 대표가 고등학생 때 만든 고양이 구체관절인형, 사진 제공 : H-NEST〉

"어느 날 구체관절인형을 스케치 하다가 구체관절인형 중에 '새'를 모티브로 하는 인형은 없다는 것을 알게 되었습니다. 대부분 사람이거든요. 저는 고등학생 때 고양이를 구체관절인형으로 만든 적이 있어요. 제가 만든 고양이 인형 이름을 '쥐'라고 지었지요. 하하. 새라고 못 만들까요? 도전해 보기로 했죠."

그녀는 대학교 3학년 때, 그 동안 아무도 도전하지 않았던 '새'를 모티브로 한 새로운 구체관절인형을 만들기로 결심했다. 그때는 그 도전이 본인의 인생을 바꾸게 될 것이라고는 생각하지 못했다.

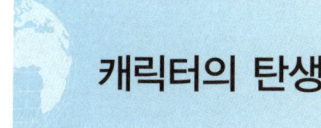

캐릭터의 탄생

다음은 네이버 지식인에서 발견한 게시물들이다.

<게시일 : 2016년 10월17일, 게시자 : 3131****>

피규어 샵을 찾은지 3년째 접어드는데요.. 그 동안에 피규어도 굉장히 많이 보고 사기도 했는데 요즘엔 눈에 띄는 피규어가 없었거든요. 근데 일본 디자인 페스타에서 저를 사로잡은 피규어가 있더라고요 ㅎㅎ 이름은 팡귄 이라는 아이인데 진짜 앙증맞고 너무 갖고 싶은 거에요ㅠㅠ 찾아보니까 피규어 만드시는 분이 한국 분이셔서 이런 저런 얘기를 나눴는데 이 피규어는 꼭 분양 받아야겠다 싶어서 연락처도 받았지만, 잃어버렸습니다…… 팡귄 3차 분양 한다고 하던데 어디서 피규어 주문할 수 있는 건가요??

<게시일 : 2016년 9월28일, 게시자 : kiac****>

안녕하세요! 피규어 중에서도 구체관절인형에 푹 빠져 살고 있습니다! 다름이 아니구 이번에 피규어 동호회 갔는데 선물 받으셨다면서 구체관절인형 팡귄을 소개시켜 주셨는데 정말 이쁘더라구요~! 심지어 다른 피규어와는 차원이 다

른 퀄리티까지… 구체관절인형 너무 사고 싶어서 알아보니 이번에 팡귄 3차 분양 한다고 하더라구요. 어디서 하는지 알려주세요!

〈H-NEST의 구체관절인형 팡귄, 사진 제공 : H-NEST〉

신유경 대표가 탄생시킨 구체관절인형 '팡귄'은 최초로 새를 모티브로 한 구체관절인형이다. 신대표는 투자자들 앞에서 기업설명회를 할 때, 항상 이 인형을 실물로 보여주며 가격이 얼마일지 퀴즈를 제시한다. 손 안에 쏙 들어오는 작은 크기의 인형 팡귄의 가격은 얼마일까?

〈미국 필라델피아 데모데이에 온 팡귄,
사진 제공 : H-NEST〉

"이 인형의 개당 가격은 15만 원입니다."

구체관절인형에 별로 관심이 없는 사람들은 이 인형의 가격이 15만 원이라는 이야기를 듣게 되면 매우 놀란다. 실제로 이 인형을 보여주며 인형의 가격을 맞춰 보라고 하면, 대부분 1만 원~5만 원 사이의 금액을 이야기 한다.

〈영화 스타워즈 캐릭터 완구 BB-8, 출처 : www.amazon.com〉

2015년말에 개봉한 영화 스타워즈 '깨어난 포스'에 처음 등장하여 전세계적으로 폭발적인 인기를 끈 캐릭터 'BB-8' 완구와 팡권을 비교해 보자. BB-8 완구는 스마트폰으로 조작이 가능하고, 360도로 주행이 가능하다. 게다가 영상촬영, 자동 주행기능 등 다양한 기능을 갖고 있다. 그런데, 가격은 미화 130달러. 우리 돈으로 15만원 정도 된다. 팡권은 목과 팔다리가 움직이긴 하지만, 수동으로 조작해야 한다. 게다가 스마트폰으로 조작도 불가능하다. 캐릭터의 인지도도 스타워즈 캐릭터와 비교가 불가하다. 그런데, 가격은 15만원, BB-8과 차이가 없다.

여기서 의문이 든다. 이걸 도대체 누가 살까?

"팡권은 제작되기도 전에 물량이 매진됩니다. 이 제품을 구매하는 고객들은 미리 결제를 해야 구매가 가능합니다. 게다가 한 달씩 기다려야 하는 불편함도 감수합니다. 팡권은 국내 고객들만 구입하는 것이 아니라 전 세계에서 주문이 들어옵니다."

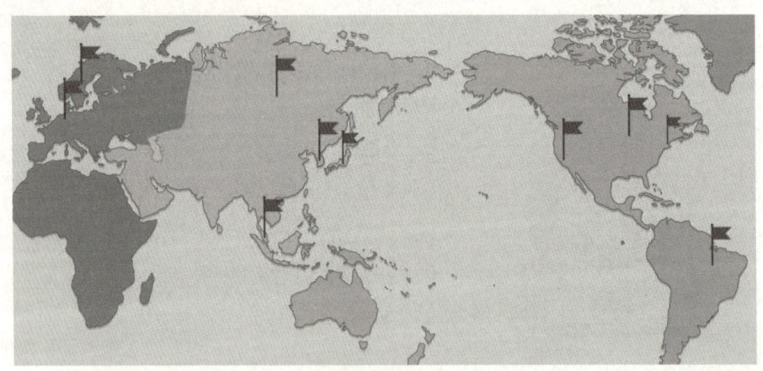

〈전 세계에서 팡권을 구매한 고객 분포도, 사진 출처 : H-NEST 기업소개자료〉

팡귄은 제작사인 H-NEST에서 물량을 제작하자마자 팔려나가고 물건이 없어서 고객들이 살 수 없는 인형이 되어 있었다. 게다가 H-NEST는 2016년 11월에 법인 설립을 완료했기 때문에 그 전에는 개인적으로 블로그에 홍보하고 페이팔(온라인 결제 서비스)을 통해 대금을 결제하는 방식이었다.

"팡귄의 제작은 100% 수작업으로 이루어집니다. 그래서 시간이 오래 걸리기도 하고 고객들의 수요에 비해서 공급이 부족합니다. 전 세계적으로 인형 마니아 층 사이에서 입소문이 나서 반응이 좋은 캐릭터가 되고 있어요. 각종 해외 인형 전시회에서 초청도 쇄도하고 있습니다."

〈일본 디자인 페스타 전시, 사진 제공 : H-NEST〉

2016년도 서울 코엑스에서 개최된 인형 전시회에서는 팡귄 캐릭터를 이용한 각종 스티커와 엽서 등도 선보였다. 팡귄 인형이 물량도 없고, 가격도 고가이다 보니 팡귄 캐릭터를 이용한 이러한 부가 제품도 전시회에서 금방 팔려나갔다.

〈2016 코엑스 인형전시회 전시, 사진 제공 : H-NEST〉

시스템을 만들자

H-NEST의 신유경 대표는 팡귄 인형을 만들면서 전세계 인형 마니아 층으로부터 주목을 받았다. 하지만, 그것만으로는 큰 사업으로 확장을 하기에는 제한이 있다.

"이걸로 먹고는 살 수 있겠죠. 팡귄을 만들기만 하면 잘 팔리니까요. 하지만, 이것으로 만족한다면 계속 똑같은 일만 반복하면서 살아야 될 것 같다는 생각이 들었어요. 인형 작가들은 자기가 하는 것 밖에 몰라요. 사업으로 확장할 수 있을 거라는 생각도 잘 못하죠."

H-NEST를 액셀러레이팅 하면서 가장 먼저 해야 했던 것이 바로 신대표가 갖고 있는 '틀'을 깨는 것이었다. 본인이 갖고 있는 캐릭터 제작 능력을 극대화하면 더 큰 사업으로 확장이 가능하다는 것을 깨닫게 해 주는데 상당한 시간이 걸렸다.

"저는 인형을 만들 줄만 알았지 이것을 캐릭터로 만들어서 사업을 벌릴 생각은 하지 못했어요. 그런데, Y-Pump Up Batch 프로그램에서 액셀러레이팅을 받고, 미국과 중국 시장을 경험하면서 생각이 달라졌어요. 가능성이 충분하다고 느꼈어요."

〈미국 필라델피아 데모데이 발표, 사진 제공 : Y&ARCHER〉

H-NEST의 캐릭터 인형 팡퀸은 미국과 중국의 투자자들로부터 많은 관심을 받았다. 인형의 퀄리티(quality)가 매우 뛰어난데다 전 세계적으로 판매가 되고 있다는 점에서 세계적으로 통할 수 있는 캐릭터라는 느낌을 받은 것이다.

〈중국 북경 데모데이 발표, 사진 제공 : Y&ARCHER〉

"회사다운 시스템을 만들기 위해서 팀원들을 충원했어요. 그 동안은 거의 저 혼자 모든 것을 다했지만 이제 그렇게 해서는 안될 것 같아서요. 저는 캐릭터를 만들고 이것을 어떻게 확장시킬지 전략을 수립하고 영업을 진행해야죠. 인형을 만들고, 내부 관리를 하는 등의 일들은 새로 영입한 팀원들에게 배분할 계획입니다."

〈과거 혼자 작업했던 신유경 대표, 사진 제공 : H-NEST〉

　회사가 더 크게 성장하려면 조직을 갖출 필요가 있다. 최근 1인 창조기업(주로 지식서비스 분야에서 독특한 아이디어를 갖고 있는 개인이 창업을 통해 매출과 이익을 창출하는 경우 이를 1인 창조기업이라고 함. 2~3인 규모의 가족기업이나 스승과 제자 관계로 운영되는 도제기업도 1인 창조기업에 포함되는데, 아이디어나 기술로 도전해야 하는 만큼 식당이나 슈퍼마켓 같은 생계형 분야와는 명백히 구별됨.)에 대한 홍보도 많지만, 1인 기업은 확장성 측면에서 한계를 갖고 있다. 아무리 능력이 뛰어나도 혼자서 모든 것을 할 수는 없기 때문이다. 그래서 큰 성공을 거둔 기업인에게는 반드시 그 옆에 조력자가 있기 마련이다.

〈카카오프렌즈 캐릭터 사업, 사진 출처 : H-NEST 사업계획서〉

"캐릭터 사업은 확장성이 무궁무진 합니다. 카카오나 라인의 캐릭터 사업이 어떻게 진행되고 있는지 봐도 알 수 있죠. 그런데, 카카오나 라인의 캐릭터들은 메신저를 통해 많이 접해서 친숙할 뿐이지 예쁘지는 않습니다. 즉, 친숙함이 고객들로 하여금 구매욕구를 자극하는 것이죠. H-NEST의 캐릭터들은 예쁘고 귀엽습니다. 하지만, 친숙하지는 않죠. 그래서 H-NEST의 캐릭터들을 친숙하게 만드는 작업을 진행할 것입니다."

신대표는 팡귄 캐릭터를 이용하여 다양한 앱을 개발하려 하고 있다. 팡귄 캐릭터가 스마트폰에서 자주 보이게 되면 캐릭터에 대해 더욱 친숙하게 될 것이라는 생각 때문이다. 앱을 팔아서 수익을 얻기는 어렵겠지만, 앱을 사용하는 사용자가 늘어나면 사용자들의 데이터를 활용하여 부가적인 사업을 진행할 수 있다.

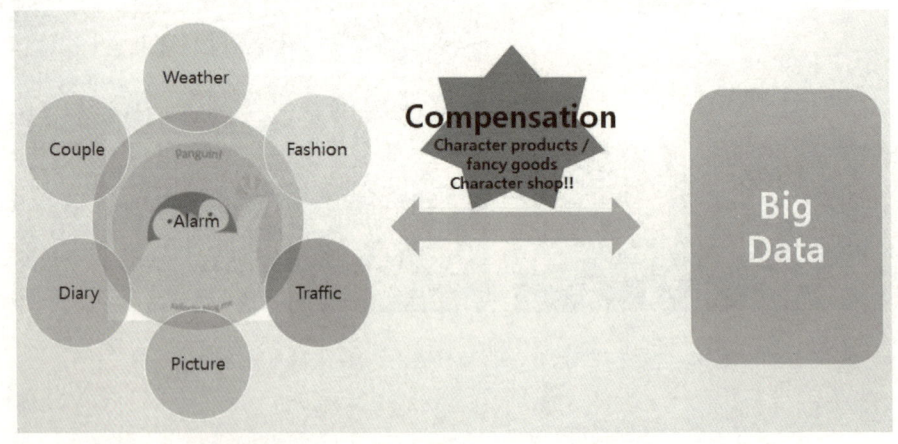

〈H-NEST의 사업 확장 전략, 사진 출처 : H-NEST 사업계획서〉

"앱 개발을 서두르고 싶지는 않아요. 이 부분은 사업을 진행하다 보면 해야 할 시기가 왔을 때 하고 싶어요. 우선은 인형을 안전하게 거래하고 인형 정보를 공유하는 플랫폼을 만들고 싶어요. 이런 플랫폼은 기존에 인터넷 카페의 형태로 운영이 되고 있었는데, 그 동안 카페가 여러 번 불미스러운 일이 발생하다 보니 회원들로부터 신뢰를 잃게 되었거든요. 게다가 거래를 하려면 다른 곳에서 인증을 받아야 하는 불편함이 있었어요. 그래서, H-NEST에서는 검증된 회원을 잘 선택해서 거래도 안전하게 하고 인형에 대한 정보 교류도 활발하게 이루어지는 플랫폼을 만들 겁니다."

〈중국 광저우에서 신유경 대표와 중국 투자자, 사진 제공 : Y&ARCHER〉

"Y-Pump Up Batch 프로그램을 통해서 정말 많은 좋은 분들을 만났습니다. 그 중에 크리에이티브밤이라는 게임업체가 있는데, 이 업체와 전략적 제휴를 통해서 사업을 확장할 수 있을 것 같습니다. 여기는 게임과 게임 캐릭터가 있는데,

아직 캐릭터 완구가 없어요. 현재 계획은 아트토이 개념으로 만들어서 게임을 서비스 하는 국가에 판매하는 것으로 이야기를 하고 있습니다. H-NEST에서 아트토이를 제작하면, 중국은 크리에이티브밤에서 주로 판매를 하고, H-NEST는 그 외의 국가에 주로 판매를 하는 방안을 협의 중에 있습니다."

〈크리에이티브밤 게임 캐릭터, 사진 출처 : 크리에이티브밤 홈페이지〉

"제가 어린 나이에 이렇게 창업을 하고, 투자도 받고 사업을 진행할 수 있었던 것은 제가 하고 싶은 것을 할 수 있도록 너그럽게 봐주신 부모님 때문입니다. 사실 한국에서는 대학 졸업하면 취업하고 직장 좀 다니다가 결혼하고… 이런 공식이 있잖아요. 남들이 가지 않는 길을 딸이 가겠다고 했을 때, 찬성하기가 어려웠을 것 같은데 제가 잘 할 거라고 믿어주셨기 때문에 지금의 제가 있는 게 아닐까요? 판에 박힌 교육보다는 저처럼 자기가 가진 재능을 활용해서 창업할 수 있도록 용기를 준다면 우리나라의 청년 창업이 활성화되지 않을까요?"

에이치네스트의 비전이요? 귀여움으로 세계를 정복하는 겁니다^^

_ H-Nest 신유경 대표

비엔솔루션(BNS) :
좋은 시스템은 확장성이 무궁무진하다

제5장 비엔솔루션(BNS) : 중대 산업재해 방지 애플리케이션 시스템을 확장성이 무궁무진하다

이것이 있으면 저것이 있다.

　불교에서 말하는 12연기설(十二緣起說)은 12가지의 요소로 된 연기설(緣起說)을 뜻한다. 연기(緣起)는 영어로 'dependent arising(의존하여 생겨나는 것)' 'dependent co-arising (의존된 상호 발생)' 등으로 번역되는데, 연기(緣起)의 법칙은 "이것이 있으면 저것이 있고 이것이 없으면 저것도 없다"라고 설명한다. 이 설명에서 '이것'과 '저것'의 두 항목은 서로 연기관계(緣起關係), 즉 인과관계(因果關係)에 있다고 볼 수 있다.

"이것이 있으면 저것이 있다."

　모든 것은 서로 얽혀 있으며, 인과관계가 있다는 말로 해석할 수 있다.
　2011년 3월 11일, 전세계를 놀라게 한 사건이 일본에서 발생했다. 일본 동북부 지방을 관통한 대규모 지진과 쓰나미(tsunami, 바다 밑에서 일어나는 지진이나 화산 폭발 등 급격한 지각 변동으로 인해 수면에 웨이브가 생기는 현상을 지진 해일 또는 쓰나미라고 함.)로 인해 후쿠시마 현에 위치해 있던 원자력발전소에서 대규모 방사능이 누출된 것이다.

〈후쿠시마 원전 사고 현장, 사진 출처 : 경향신문〉

후쿠시마 제1원전 사고는 2011년 3월 11일 일본 동북부 지방을 강타한 규모 9.0의 대지진으로 인해 원자로 1~3호기의 전원이 멈추면서 촉발되었다.

구 분	영 향
0~2.9	지진계에 의해서만 탐지가 가능하며 대부분의 사람이 진동을 느끼지 못함
3~3.9	인간은 자주 느끼지만 피해는 입히지 않음
4~4.9	방 안의 물건들이 흔들리는 것을 뚜렷이 관찰할 수 있지만 심각한 피해는 입히지 않음
5~5.9	좁은 면적에 걸쳐 부실하게 지어진 건물에 심한 손상
6~6.9	최대 160km에 걸쳐 부실하게 지어진 건물에 심한 손상
7~7.9	넓은 지역에 걸쳐 심한 피해를 입히며, 1년에 약 18건 정도 발생
8~8.9	수백km 지역에 걸쳐 심한 피해를 입히며, 1년에 1건 정도 발생
9 이상	수천km 지역을 완전히 파괴하는데, 약 20년에 1건 꼴로 발생

〈지진 규모별 피해 내역, 출처 : 국립중앙과학관〉

표에서 보는 바와 같이 진도 9.0의 지진은 지구상에서 가장 강력한 지진이다. 대지진 당시 후쿠시마 제1원전의 총 6기의 원자로 가운데 1·2·3호기는 가동 중에 있었고, 4·5·6호는 점검 중에 있었다. 쓰나미로 인해 전원이 중단되면서 원자로를 식혀 주는 긴급노심냉각장치(emergency core cooling system, 緊急爐心冷却裝置, 원자로 안의 물이 감소하거나 파이프가 파손되어 급속히 냉각수가 없어지게 되는 돌발 사고를 가정하여 설치한 긴급시의 안전 장치. 이 장치는 사고 발생 즉시 원자로 속에 대량의 물을 보내거나 또는 연료봉에 직접 물을 끼얹어 가열된 연료봉을 냉각시키고 파손을 방지하는 시스템으로 구성되어 있음.)가 작동을 멈췄고, 대지진 발생 다음날 1호기에서 수소폭발이 일어났다.

이후 이틀 뒤에는 3호기 수소폭발, 그 다음날에는 2호기 수소폭발 및 4호기 수소폭발과 폐연료봉(원자로에서 핵분열 과정을 거쳐 수명이 다 된 연료봉을 말함. 그러나 봉을 구성하는 플루토늄239와 우라늄235 등이 강력한 방사성 물질과 높은 잔열을 방출하기 때문에 통상 5~7년 정도의 냉각과정을 거쳐야 잔열과 방사성 물질이 안전수준에 도달함.) 냉각 보관 수조 화재 등이 발생해 방사성물질을 포함한 기체가 대량으로 외부로 누출되었다. 다행히 정비작업 며칠 후에 5호기와 6호기의 냉각기능이 완전히 정상화되고, 1, 2호기의 전력 복구작업이 완료되면서 1차 고비를 넘긴 것으로 보였다.

그러나 고장난 냉각장치를 대신해 뿌렸던 바닷물이 방사성물질을 머금은 오염수로 누출되면서 고방사성 액체가 문제로 대두되었다. 3호기 터빈실 주변에서는 정상운전 시의 원자로 노심(爐心, 원자로의 중심부로, 원자로의 핵연료인 연료봉 다발을 가리킴.)보다 농도가 1만 배나 높은 방사능 물질이 검출됐고, 1, 2호기 터빈실에서도 고농도의 방사능 물질을 포함한 물웅덩이가 발견되었다. 제1원전 2호기 취수구 부근 바다에서 조차 방사성 물질이 검출되는 등 고농도 오염수가 바다로 유출되었다.

이에 따라 오염수 처리문제가 시급해졌고, 결국 일본 정부는 저장공간 확보를 위해 저농도 오염수를 바다로 방출했다. 이처럼 후쿠시마 원전은 콘크리트 외벽 폭발, 사용 후 핵연료 저장시설 화재, 방사능 물질 유출, 연료봉 노출에 의한 노심이 녹는 현상 발생, 방사성 오염물질 바다 유입으로 인한 해양오염 등으로 상황이 계속 악화되었다.

일본 정부는 이 대지진이 발생한 한달 후에 후쿠시마 제1원전의 사고 수준을 국제 원자력 사고등급 중 최고 위험단계인 레벨 7로 격상한다고 공식 발표하는 단계에 이르렀다.

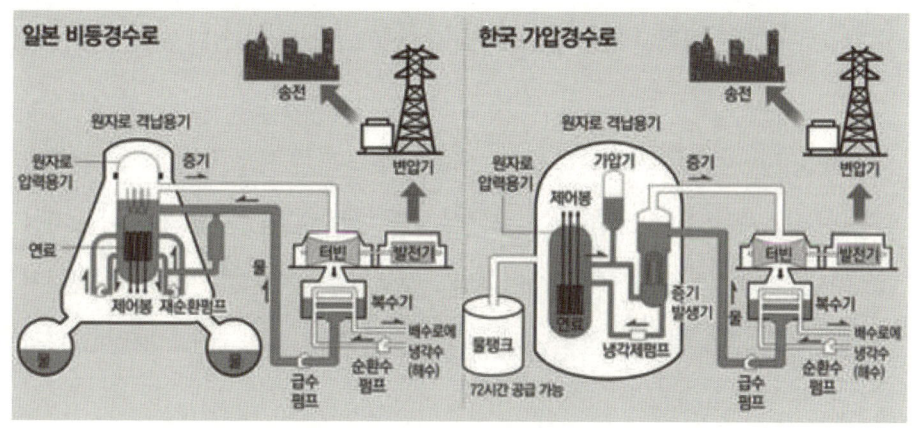

〈비등형 경수로와 가압형 경수로 비교, 출처 : 동아일보〉

하지만, 원자력 전문가들은 후쿠시마 원자력 발전소 사고는 '관료제가 빚어낸 무능'이라고 말한다. 사실 후쿠시마 제1원전에 적용된 비등형 경수로(Light Water Reactor, 輕水爐, 일반적인 물이 중성자 감속재와 냉각재로 사용되고, 농축된 우라늄이 연료로 사용되는 가장 흔한 유형의 원자로. 경수로는 주로 비등형 원자로(BWR)이거나 가압형 원자로(PWR)이며 연료 교체 시에는 작동을 중지해야 함.)는 가압형 경수로에 비해 방사능 오염에 취약하긴 하지만 제대로만 관리한다면 큰 문제는 없다는 것이 전문가들의 의견이다.

전문가들은 사고 초반부터 바닷물이라도 부어 원자로를 냉각하는 데 중점을 두었더라면 큰 사고는 나지 않았을 것이라고 보고 있다. 결국 발전소를 못 쓰게 될 것을 우려한 도쿄전력(후쿠시마 원자력 발전소 운영사)이 30시간 가량을 헛되이 보낸 것이 엄청난 방사능 누출의 가장 중요한 원인이었던 것이다.

이처럼, 원인이 없는 결과는 없다. 쓰나미가 오고 원자로 1~3호기의 전원이 멈추었을 때, 후쿠시마 원자력발전소에서 근무하는 임직원들이 제대로 대처를 했었다면, 대형 사고로 확대되지는 않았을 것이라는 것이 전문가들의 의견이지만, 겪어보지 않은 위급한 상황에서 임직원들이 과연 합리적이고 냉철한 의사결정을 할 수 있을까?

비엔솔루션은 기기의 오작동을 감지하고, 이것을 스마트폰으로 알려줌과 동시에 작업자의 행동지침까지 친절하게 안내해 주는 시스템을 만들기 위해 시작한 스타트업이다.

〈비엔솔루션 회사 소개, 자료 출처 : 비엔솔루션 회사소개서〉

이러한 아이템을 어떻게 생각하게 되었을까? 창업자인 박대훈 대표는 비엔솔루션의 창업이 경험에서 나온 것이라고 말한다.

"창업자인 저와 김치현 이사는 그 동안 원자력발전소 제어계측 관련 업무를 하는 회사에서 근무했습니다. 비엔솔루션에서 개발 중인 스마트 플랜트 통합 관리 솔루션은 작업자들에게 꼭 필요한 시스템이지만, 그 동안 제대로 상용화되지 못한 시스템입니다. 원자력발전소 내 기기를 점검할 때, 대부분 작업자가 육안으로 직접 확인하고 있는 실정이죠. 실제로 원자력발전소 사고원인의 40%는 인적 오류에서 발생하고 그로 인한 발전 정지 손실은 연간 28억원에 달합니다."

〈중국 투자자에게 설명 중인 박대훈 대표와 김치현 이사. 자료 제공 : Y&ARCHER〉

창업자들에게는 모두 창업을 하게 된 원인이 존재한다. 창업 자체를 결과물이라고 가정하면, 창업의 원인이 무엇이냐에 따라서 창업이라는 결과물은 달라지게 된다. 가령, 퇴직금을 지키기 위해 창업을 하는 사람은 일반적이고 안정성이 높다고 흔히 생각하는 소상공인 창업을 할 가능성이 높다. 하지만, 많은 위험을 감수해야 하는 기술창업 또는 아이디어 창업을 하는 사람은 좀 다르다. 거기에는 다양한 창업의 원인이 있고, 그 다양한 원인들은 창업에 강한 영향을 미치게 되는 것이다.

세계는 넓고 시장은 다양하다.

비엔솔루션의 박대훈 대표와 김치현 이사에게는 'Y-Pump Up Batch Philadelphia'가 매우 소중한 경험이었다. 필라델피아에서 많은 사람들과 대화를 나눠본 결과, 본인들이 개발한 '스마트 플랜트 통합 관리 솔루션'의 적용 대상이 다양할 수 있다는 가능성을 발견한 것이다.

〈미국 투자자들에게 컨설팅을 받고 있는 박대훈 대표, 자료 제공 : Y&ARCHER〉

"창업을 최초 기획할 때, 비엔솔루션의 스마트 플랜트 통합 관리 솔루션은 원자력 발전소만을 대상으로 생각했습니다. 제가 그 쪽에서 오래 근무를 했기 때문에 어찌 보면 그렇게 생각하는 것이 당연한 것이었죠. 이 프로그램을 통해 필라델피아에 와서 여러 미국인 투자자들에게 컨설팅을 받았는데, 우리의 스마트 플랜트 통합 관리 솔루션을 적용할 수 있는 곳이 다양하게 존재하고 있다는 것을 깨닫게 되었습니다. 사실 필라델피아에는 원자력발전소가 없기 때문에 여기에 있는 분들은 이 솔루션을 원자력발전소에 적용하겠다는 생각을 못하는 것일 수도 있습니다. 이것은 제가 원자력발전소에 근무하기 때문에 원자력발전소만 적용하겠다는 생각을 한 것과 같은 맥락일지도 모릅니다."

〈미국 변리사와 인사를 나누고 있는 김치현 이사, 자료 제공 : Y&ARCHER〉

"저희 솔루션이 기존의 것과 다른 점은 작업자나 의사결정자에게 행동지침을 알려준다는 점입니다. 원자력발전소도 그렇고, 많은 공장들도 그렇고, 위기상황에 대응하는 메뉴얼은 갖추고 있습니다. 하지만, 이것을 작업자 모두가 숙지하고 있는 것은 아닙니다. 메뉴얼을 어떻게 전파해야 할 지도 모르고, 그 상황에 맞는 행동지침을 알기 위해서는 메뉴얼을 일일이 찾아봐야 되는데 실전에서는 그러기가 쉽지 않지요. 저희 솔루션은 그런 상황에 닥쳤을 때, 바로 행동지침을 알려줍니다."

자동차 네비게이션이 없던 시절에는 초행길에서 길을 못 찾아 헤매는 경우가 많이 발생했다. 하지만, 요즘은 자동차 네비게이션을 통해 초행길도 네비게이션이 알려주는 데로 운전을 하면 길을 헤매지 않고 찾아갈 수 있다. 작업자에게 이러한 네비게이션 역할을 해 주는 것이 '스마트 플랜트 통합 관리 솔루션'이라고 보면 될 것이다.

"여기 미국에서 투자자들을 비롯하여 변호사, 변리사, 공공기관 분들과 대화를 하다 보니까 저희 솔루션이 원자력발전소나 플랜트 이외에도 공군이나 해군처럼 기계를 많이 쓰는 부대에서도 쓰일 수 있을 것 같다는 생각을 하게 되었습니다. 저희 솔루션이 메뉴얼 대로 실행할 수 있게끔 해주기 때문에 이것을 적용했을 때 군대나 공공기관 같은 곳에서는 큰 효과를 볼 수 있지 않을까요?"

〈미국 중소기업청(SMA) 담당자와 상담하는 박대훈 대표, 자료 제공 : Y&ARCHER〉

비엔솔루션의 창업자 두 명은 오랜 기간동안 직장생활을 하다가 직장에서 얻은 경험을 통해 창업을 한 경우에 해당된다. 이런 경우에는 자신들의 경험을 통해 비즈니스를 바라보기 때문에 넓은 시야를 갖고 비즈니스 계획을 세우는 데에 제한을 받는다.

〈미국 변호사와 상담하는 박대훈 대표, 자료 제공 : Y&ARCHER〉

"정말 많이 배울 수 있는 기회였습니다. 이 프로그램이 아니었다면 미국에 와서 우리 비즈니스를 미국인들에게 설명할 수 있을 것이라는 생각조차 하지 못했을 겁니다. 이 경험이 없었다면, 원래 생각했던 원자력발전소나 좀 더 확장하면 플랜트 정도까지 가능했을 것이고 그 이상의 분야로 확장할 엄두도 내지 못했을 것입니다. 우리의 아이디어가 더 큰 시장에서 더 다양한 분야에 적용될 수 있다는 것을 느끼고 나니 사업에 대한 확신과 자신감이 생겼습니다."

〈필라델피아 데모데이에 참석 중인 박대훈 대표, 자료 제공 : Y&ARCHER〉

실행과 경험을 통해 얻는다.

비엔솔루션의 CTO(Chief Technology Officer, 最高技術經營者, 회사의 기술개발 전체를 담당하는 총괄책임자.)인 김치현 이사는 액셀러레이팅 프로그램을 통해 창업 아이디어를 구체화 하게 되었다고 말한다.

"Y-Pump Up Batch 액셀러레이팅 프로그램에 참여하기 전까지는 창업이라는 것이 상당히 막연했습니다. 창업을 하려면 돈도 있어야 하고, 인맥도 잘 갖춰져 있어야 하고, 뛰어난 기술력을 갖추어야 한다고 생각했죠. 하지만, 이 프로그램에 참여하면서 생각이 많이 달라졌습니다. 좋은 아이템과 기술이라면, 돈이 없어도 이 프로젝트에 투자할 수 있는 투자자들이 있다는 것도 알게 되었고, 창업을 한다고 하니까 의외로 많은 분들이 도와주겠다고 하셔서 인맥도 사업을 진행하면서 구축할 수 있을 것 같습니다. 기술은 창업 이후에도 계속 연구하고 보완해 나갈 수 있다는 것도 깨닫게 되었습니다."

〈필라델피아 데모데이에서 영어로 프리젠테이션을 하는 김치현 이사, 자료 제공 : Y&ARCHER〉

　스타트업을 한다는 것은 칠흑 같은 어둠 속에서 등불 하나 들고 걸어가는 것과 같다. 이런 경우에는 바로 몇 발자국 앞만 보이게 되고, 걸어가면서 비로소 길을 알 수 있게 되는 것이다. 대부분의 창업자들은 스타트업을 출발하면서 많은 시행착오를 겪는다. 이것은 어쩔 수 없다. 한 번도 가보지 않은 길을 가는 것인데 어찌 시행착오를 겪지 않겠는가! 시행착오를 겪다 보면 가야 할 길이 좀 더 분명해진다. 즉, 창업의 길은 경험을 통해 완성된다. 시행착오가 두려워 창업을 어려워하면 절대 창업을 할 수가 없다.

〈미국 투자자의 이야기를 경청하는 김치현 이사, 자료 제공 : Y&ARCHER〉

"제가 생각한 아이디어와 완전히 같지는 않지만 비슷한 시도를 하는 큰 회사들도 있습니다. 창업을 할 때, 처음에 든 생각은 '큰 회사들과 경쟁할 수 있을까?' '제품을 만들면 시장에 진입할 수 있을까?' 하는 걱정이 앞섰어요."

전세계 SNS 시장에서 가장 영향력 있는 페이스북(facebook)을 창업한 마크 주커버그는 창업 당시 젊은 대학생에 불과했고 이미 비슷한 서비스를 하는 큰 회사가 존재했다. 주커버그는 후발주자였지만, 한 발 빠른 서비스 대응으로 빠르게 시장을 잠식했고 전세계 많은 사람들에게 사랑 받는 서비스를 제공하는 플랫폼으로 성장했다.

창업자가 도전을 두려워하면 사업을 확장할 수 없다. 스타트업을 하다 보면 도전을 하여 사업을 확장할 지에 대한 의사결정을 해야할 때가 온다. 도전을 한다는 것은 위험(risk)을 감수해야 한다는 뜻이다.

스타트업 창업자는 사업을 시작할 때 위험을 수용하는 수준이 보통 사람보다 더 높다. '스타트업 멘토링'의 저자 케빈 존슨의 설명에 따르면, 미국에서 창업 이후 5년을 버티는 기업이 50%에 조금 못 미치며, 상장 기업으로 성장하는 기업은 1%도 안 된다. 이런 희박한 가능성에도 스타트업 창업자들은 자신들의 사업 목표를 향해 달려간다.

확실히 스타트업은 실패할 가능성이 높다. 하지만 그들은 도박을 하는 대신, 위험을 면밀하게 계산하여 그것이 자신에게 유리하게 작용하도록 유도한다. 또 성공 가능성을 높이고 실패 가능성을 줄이도록 위험을 최소화하는 방법을 찾는다.

창업자들이 막대한 손실을 가져올 장애물을 만나면 전문 지식을 활용하거나 인적 네트워크와 자산을 총동원하여 극복할 수 있을 거라고 자신한다. 언론에서 주로 스포트라이트를 하는 '실패 가능성이 높은데도 위대한 성공을 일궈낸 기업가'의 신데렐라 스토리를 자세히 들여다보면, 위험을 면밀하게 계산하고 훌륭한 대안을 사전에 준비하고 있었다는 걸 알 수 있다.

창업이 비록 위험하지만 모두에게 위험한 것은 아니다. 현명한 스타트업 창업자들은 이런 원칙을 잘 안다. 스타트업 창업자에게 '문제'는 실패 확률이나 위험이 아니다. 그들에게 문제는 '과연 이 장애물을 극복할 능력이 있는가'이다.

〈미국 필라델피아 시의원과 함께 한 박대훈 대표와 김치현 이사, 자료 제공 : Y&ARCHER〉

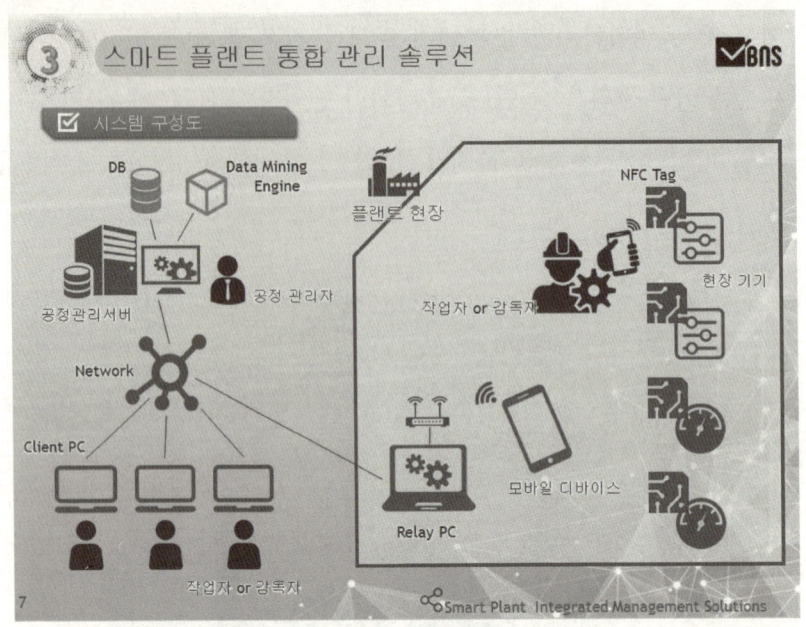

〈비엔솔루션 제품과 서비스 소개, 자료 출처 : 비엔솔루션 회사소개서〉

비엔솔루션의 제품은 정보를 통합하여 보여주는 기존의 관제 시스템을 뛰어넘어, 데이터 마이닝(data mining 많은 데이터 가운데 숨겨져 있는 유용한 상관관계를 발견하여, 미래에 실행 가능한 정보를 추출해 내고 의사 결정에 이용하는 과정을 말함.)을 통해 오류, 사고를 예측하는 스마트 관제 시스템이다.

이 시스템은 플랜트 운용 인력의 인적 오류 예방 솔루션을 포함한 스마트 플랜트 운용 서비스로써, 작업자 및 작업 공간의 안전성을 확대하고, 오류로 인한 비용을 감소시키는 공정 관리 시스템이기도 하다.

"원자력발전 및 유독물 취급 플랜트 운용 안전에 대한 사회적 요구가 날로 확대되고 있고, 플랜트 운용 중 발생하는 사고를 분석한 결과, 결정적 원인 중 상당수가 인적 요인 때문입니다. 또한 고도화되고 빠르게 변화하는 기술 도입으로 인해 플랜트 운용 인력의 작업 절차 이해 및 숙지 부족으로 인한 인적 오류가 빠르게 증가되는 추세이기도 합니다."

BNS는 플랜트의 설비 및 장소에 NFC(Near Field Communication) 태그를 부착하고 플랜트 운용 작업 절차를 보여주는 모바일 디바이스를 작업자에게 제공한다. 사고 및 위험 요소가 있는 중요한 절차의 경우 모바일 디바이스를 통해 해당 설비 또는 장소에 부착된 NFC 태그를 통해 인적 오류를 예방하는 방법을 고안했다.

"저희의 솔루션은 인적 오류를 예방함과 동시에 스마트하고 효율적인 플랜트 운용을 가능하게 합니다. 특히, 데이터 마이닝 기법을 적용함으로써 이를 통해 정보를 취합하고 사용자에게 통합하여 보여주는 기존의 관제 시스템을 탈피하였고, 과거 이력과 현재 데이터 추이를 분석하여 플랜트 운용의 오류나 사고를 예측하는 차세대 관제 시스템을 구현했습니다. '스마트 플랜트 통합 관리 솔루션'을 통해 플랜트 운용 작업자의 임의 판단 및 절차 변경, 무시 등 인적 오류 발생 원인을 시스템적으로 차단하여 플랜트 안전 운전을 도모하고 사고 및 사고로 인한 플랜트 운영 중단 등에 따른 비용 절감을 기대할 수 있습니다"

〈중국 북경에서 프리젠테이션 중인 박대훈 대표, 자료 제공 : Y&ARCHER〉

창업을 하기 전에는 창업이 막연한 것이라고 생각했습니다. 하지만,
창업을 하고 보니 창업은 구체적인 것이라는 것을 알게 되었습니다.

_ 비엔솔루션 박대훈 대표

제6장

리앙(Liang) :

단순한 아이템도 **글로벌**로 연결하면 비즈니스가 된다

제6장 리앙(Liang):
단순한 아이템도 글로벌로 연결하면 비즈니스가 된다

알리바바의 탄생

 2016년 10월, 광저우에 방문한 한국인 관광객 두 명이 현지 중국인과 함께 광저우에서 유명한 짝퉁시장에 쇼핑을 하러 갔다. 중국의 짝퉁시장에서는 고가의 명품 브랜드 제품을 정가의 10~20%에 불과한 금액으로 구입할 수 있다. 물론, 진품이 아니라 모조상품이다. 따라서 이러한 제품을 사고 파는 것은 떳떳한 행위라고는 볼 수 없다. 대한민국에서는 모조상품을 제조하고 유통하는 행위가 적발되면 형사처벌을 받는다. 그래서, 짝퉁시장에서는 현금으로 결제하는 것이 관례였다.

〈중국 광저우의 유명한 짝퉁시장, 사진 출처 : 블로그 '못 말리는 중국'〉

그러나, 이 날 두 명의 한국인 관광객은 현지 중국인이 짝퉁시장에서 결제를 하는 것을 보고 깜짝 놀랐다. 현지 중국인은 현금으로 결제하는 것이 아니라 알리페이(소비자들의 금융 거래를 돕는 온라인 금융, 결제 서비스 기업으로 중국 최대 전자상거래 업체인 알리바바 그룹의 자회사임. 2004년에 설립됐으며 소비자들이 알리페이에 가입하고 은행 계좌, 신용카드를 연동시키면 인터넷, 스마트폰으로 송금이나 결제 뿐만 아니라 대출, 펀드 가입 등을 할 수 있음. 2016년 기준으로 실명인증 회원 수만 4억 5천만 명이며, 중국 내에서 온라인 결제 점유율 70% 이상을 차지하고 있음.)로 결제하고 있었고, 상점 주인도 현금보다는 알리페이를 선호하는 듯 했다.

알리페이는 중국 알리바바의 온라인 및 모바일 결제 서비스이다. 중국 내에서는 온라인 및 모바일 결제 서비스를 이용하는 중국인 대부분이 알리페이 서비스를 이용하고 있다. 알리페이는 한국 내에서도 통용되는데, 매년 증가하는 중국인 관광객들 때문에 대한민국의 면세점, 편의점 등 상점에서도 알리페이 서비스를 진행하고 있다.

〈서울 코엑스에 운영 중인 알리페이 센터, 사진 출처 : IT 데일리〉

알리바바는 창업자 마윈이 1999년에 아내와 친구 등의 지인 18명과 함께 창업한 중국의 스타트업으로 출발했다. 창업자 마윈의 아파트를 사업장으로 시작한 알리바바는 초기에 단 한 건의 거래도 성사시키지 못하고 출범하자마자 자금난에 봉착했다. 많은 스타트업들이 겪는 데스밸리(death valley 스타트업 기업들이 창업 후 3년 쯤 지나면 봉착하게 되는 자금난을 말함. 창업 기업들은 사업화 과정에서 자금조달, 시장진입 등 어려움을 겪게 되고 통상 3~7년차 기간에 주저앉는 경우가 많은데 이를 두고 데스밸리라 함.)를 겪은 것이다. 하지만, 알리바바는 창업 후 15년이 지난 2014년에 뉴욕증시에 상장하며 중국 최대의 전자상거래 기업으로 발돋움 하였다.

제6장 리앙(Liang) : 단순한 아이템도 글로벌로 연결하면 비즈니스가 된다 · 175

〈2016년 11월 23일 기준 세계 부호 20위, 출처 : Bloomberg Billionaires〉

알리바바의 뉴욕증시 상장(listing, 上場, 증권거래소에서 매매할 수 있는 종목으로 지정하는 일)으로 인해 창업자 마윈은 중국 내에서는 물론이고 아시아 최고 부호 자리에 올랐다. 블룸버그 억만장자(Bloomberg Billionaires) 순위에 따르면 2016년 11월 기준으로 마윈은 전 세계 부호 순위 16위에 올라있다.

2015년 5월, 대한민국을 방문한 마윈은 KBS의 특집 프로그램 '광복 70년, 미래 30년, <글로벌 경제, 아시아 시대를 열다>'에 출연하여 강연을 통해 한국의 청년들에게 강한 메시지를 전달했다.

"감사합니다. 여러분을 만나게 되어 기쁩니다. 제가 이 곳에 서서 여러분들과 이야기를 하게 될 것이라고는 상상하지 못했습니다. 지난해 알리바바는 기업을 공개하며 뉴욕증시에 상장을 했습니다. 굉장히 성공적인 상장이었습니다. 사람들은 제가 아주 영리하다고 하더군요. 어떻게 그런 회사를 만들었냐고 물었습니다. 하지만, 상장 이전에는 알리바바가 형편없고 문제투성이 회사라는 말을 들었습니다. 맞아요. 저는 100% 'made in China' 니까요."

〈한국 방송에 출연하여 강연하는 마윈, 출처 : KBS〉

마윈은 누구이고 알리바바는 어떻게 탄생된 회사일까? 다음은 기업가정신과 리더십(저자 신진오, 혜성출판사) 3장에 등장하는 마윈의 스토리 중 발췌한 내용이다.

마윈은 1964년 중국 저장성 항저우에서 가난한 경극배우의 아들로 태어났다. 키 162cm, 호감을 주는 얼굴도 아니었기 때문에 아르바이트 일자리도 쉽게 얻지 못하였다고 한다.

마윈은 본인 스스로 '수학 둔재'라고 말할 정도로 공부를 썩 잘 하는 편도 아니었다. 그는 장난을 좋아했고, 친구들을 설득해 학교를 빠지고 놀러 가기로 하는 등 조용하고 말 잘듣는 모범생과는 거리가 아주 멀었다. 그러던 중, 중학교 때 새로 부임한 영어 선생님을 짝사랑하면서 영어에 눈을 뜨게 되고, 선생님의 눈에 들기 위해 수단과 방법을 가리지 않고 영어공부에 매진했다. 특히 영어연습을 위해 매일 아침 일찍 일어나 자전거를 타고 40분이 넘게 걸리는 항저우 호텔로 가서 지나가는 외국인을 붙잡고 무료로 도시 안내를 해주기도 했다.

마윈은 대입시험에 두번이나 낙방, 3수 끝에 항저우 사범대학에 들어가 영어 교육을 전공했다. 그 후 항저우 전자대학에서 영어를 가르치는 강사로 일했지만, 한달 수입은 우리 돈 1만원을 약간 상회하는 수준에 불과했다. 1994년, 영어강사로 일하던 도중 영어번역과 통역을 해주는 사무소를 개업했지만 실패했다.

〈항저우 출신인 마윈이 세운 알리바바 항저우 본사, 출처 : 알리바바〉

그러던 중 1995년도에 통역회사 대표로 미국 땅을 밟게 되면서 인생 최대의 깨달음을 얻게 되었다.

마윈은 미국에서 인터넷이라는 새로운 문화를 맛 본 것이다. 그는 인터넷의 시대가 올 것이라는 것을 직감했다. 컴맹이었던 그는 친구들을 모아 중국판 업종별 전화번호부인 '차이나 옐로페이지'를 창업했지만 중국 내 인프라 부족, 시장분석 부족 등의 이유로 실패했다.

창업이 실패로 끝났기 때문에 생활고를 해결하기 위해 마윈은 잠시 한 기업의 대외 무역부에서 일하던 중, 만리장성으로 외국인 한명을 안내하라는 지시를 받았다. 그 외국인이 바로 야후의 창업자 '제리 양'이었고, 이것은 마윈이 창업한 알리바바가 2004년도에 야후로부터 10억달러의 투자를 유치하게 된 결정적 계기가 되었다.

'차이나 옐로페이지'의 실패에도 불구하고 마윈은 좌절하지 않았다. '인터넷의 시대가 열릴 것'이라는 신념 하나로 1999년에 아내와 친구 등의 지인 18명과 함께 알리바바를 창업했다. 마윈의 아파트에서 시작된 알리바바는 초기에는 단 한 건의 거래도 성사시키지 못하고 출범하자마자 자금난에 빠져 '차이나 옐로우 페이지' 때 처럼 다시 실패의 위기에 봉착했다.

하지만 2000년도에 재일교포 출신의 사업가 '손정의'로부터 2천만달러(약 220

억원)의 투자를 받으며 위기를 넘기고, '벤처투자의 귀재 손정의 투자를 받은 기업'으로 많은 관심을 받으며 사업을 키워나가기 시작했다.

〈2000년 당시 마윈과 손정의 회장, 출처 : 알리바바〉

알리바바는 기업 대 기업(B2B) 쇼핑몰로, 중국의 중소기업이 만든 제품을 전 세계 기업들이 구매할 수 있게 하는 곳이다. 세계의 공장이라고 불리우는 중국의 상황, 그리고 중국 뿐 아니라 전세계로 퍼진 중국인 화교 네트워크 등을 통해 2003년 부터 마윈의 사업은 점점 성공궤도를 달리기 시작했다.

그는 여기서 멈추지 않고, 당시 이베이(Ebay)가 지배하고 있던 중국의 온라인 시장을 개척하기 시작했다. 일반인을 위한 쇼핑몰인 타오바오닷컴을 만들고,

부유층을 위해 티몰을 만드는 등 다양하게 회사를 키워갔다. 2007년 이베이는 중국 시장에서 철수를 했고, 타오바오닷컴은 중국의 온라인 시장을 거의 독점하고 있다. 이베이는 2002년도에 합작회사의 방식으로 중국에 진출하였는데, 전통의 글로벌 강자인 이베이를 중국의 벤처기업이 단 5년만에 무너뜨린 것이다.

☞ 마윈의 스토리, 출처 : 기업가정신과 리더십(저자 : 신진오)

게임의 룰을 바꾸다

알리바바가 중국 내에서 급격하게 성장할 수 있었던 계기는 중국 내의 선도 업체였던 강력한 경쟁자를 물리쳤기 때문이었다. 그 경쟁자는 글로벌 대기업인 이베이(Ebay)로 스타트업이었던 알리바바와는 비교가 되지 않을 만큼 규모가 컸다. 다윗과 골리앗의 싸움(성경에 나오는 일화. 몸집이 작은 다윗이 거인인 골리앗과 싸워서 이긴 사건으로, 이 사건은 후일 다윗이 왕이 되는 초석이 된다.)이었던 것이다. 어떻게 이것이 가능했을까?

〈다윗과 골리앗의 싸움, 화가 : Daniele Ricciarelli, 소장 : 루브르 박물관〉

다음은 기업가정신과 리더십(저자 신진오, 혜성출판사) 3장에 등장하는 마윈의 스토리 중 발췌한 내용이다.

알리바바 창업은 중소기업을 위한 B2B 장터를 만들겠다는 의지로 시작했다. 중국 내에서 중소기업의 비중은 85%에 달하고 있다. 한국에서 옥션을 인수하여 한국에 전자상거래 사업을 뿌리내린 이베이는 중국에서도 '이취'라는 전자상거래 업체를 인수하여 중국 내 사업을 하고 있었다. 이베이는 세계적인 기업이었고, 알리바바는 신생 벤처기업에 불과했다.

〈미국 San Jose에 위치한 이베이 본사, 출처 : ebayinc.com〉

알리바바는 후발주자로서 시장의 문턱을 넘기 위해 파격적인 영업정책을 펼치게 된다. 중소 상공인을 위해 수수료를 받지 않겠다고 선언한 것이다. 알리바바는 이베이를 비롯한 다른 경쟁업체들과는 달리 수수료 무료정책과 알리바바가 배포하는 정보는 돈을 받지 않는 정보 무료정책을 고수했다. 무료를 주장하는 마윈에게 많은 동료와 전문가는 '저렇게 하다가는 곧 망한다'고 우려를 표명했다.

하지만, 결과는 마윈의 생각대로 되고 말았다. 급속히 성장한 B2B(Business To Business, 기업과 기업의 거래) 모델의 알리바바에 이어 알리바바의 자회사로 설립된 C2C(Customer To Customer, 소비자와 소비자의 거래) 모델의 타오바오닷컴은 2007년에 최대 경쟁자인 이베이를 중국에서 철수시키는데에 성공했다.

마윈은 여기에 머무르지 않고, B2B 모델 알리바바와 C2C 모델 타오바오닷컴을 결합한 'B2B2C' 모델을 새롭게 창조했다. 기업회원과 개인회원 정보를 결합하고 B2B와 B2C 구분을 없앤 것이다. 대기업 및 중소기업 제품의 생산, 유통과 기업 및 소비자 회원 판매가 서로 융합한 신개념 전자상거래 모델이다.

마윈은 알리바바가 후발주자이기 때문에 기존 방식을 고수하다가는 중국내에서 그저그런 업체 중에 하나가 될 것임을 알고 있었다. 그래서 그는 과감하게 게임의 룰을 바꾸는 승부수를 던졌다. 명량해전에서 불리한 승부를 바꿔놓기 위해 자신을 내려놓고 싸웠던 이순신 장군처럼 말이다.

☞ 게임의 룰을 바꾼다, 출처 : 기업가정신과 리더십(저자 : 신진오)

마윈은 단호한 의사결정으로 기존 경쟁자들의 수익모델인 수수료를 과감하게 포기했다. 이것은 후발주자였던 알리바바의 서비스를 보다 많은 고객들이 이용할 수 있게 된 계기가 되었고, 결국 게임의 룰을 바꾼 알리바바가 경쟁자 이베이를 따돌릴 수 있었다. 다윗과 골리앗의 싸움에서 마윈은 이렇게 말했다.

"이베이가 바다의 상어라면 알리바바는 양쯔강의 악어다. 알리바바가 바다에서 싸우면 지겠지만 강에서 붙으면 이긴다."

〈양쯔강의 악어와 바다의 상어. 이미지 출처 : 영화 '죠스'〉

양쯔강에서 상어를 물리친 양쯔강의 악어는 이제 바다의 상어가 되었다.

글로벌 창업 아이디어

알리바바 마윈의 고향인 중국 항저우(杭州)에는 알리바바와 같은 IT 기업들도 있지만, 패션 도매시장의 규모도 크다. 1989년 10월에 문을 연 쓰지칭 시장은 중국 3대 패션 도매시장으로 꼽힌다. 규모는 16만㎡(약 4만8천평)로, 서울 동대문시장의 5배에 달한다. 동대문의 밀리오레나 두타 같은 대형 패션타운만 쓰지칭 시장에는 17곳이나 있다. 5만 명이 옷이나 패션 잡화를 팔고 있고 이곳의 연간 매출 규모는 3조4천억원으로 추정된다.

〈K패션을 팔고 있는 쓰지칭 시장의 패션타운, 이미지 출처 : 중앙일보〉

패션타운에서 한국 패션을 팔고 있는 매장의 수는 급격하게 증가하고 있다. 2012년까지 일본 J패션을 팔던 점포들이 한국 K패션으로 바꾸고 있는 것이다. 이제 항저우에서 광저우로 가보자.

전통적으로 패션산업이 발전한 중국의 광저우에서는 매년 한국의 패션을 소개하는 패션쇼가 열리고 있다. 산업통상자원부의 지원을 받아 한국의류산업협회에서 운영하는 K-Fashion 쇼룸 르돔(LEDOME)은 2016년 11월에 중국 광저우에 위치한 현지 쇼룸 (TUDOO)에서 2016년 하반기 마케팅기획 이동쇼룸 행사를 진행했고, 이탈리아, 한국, 중국 3개국을 기반으로 활동 중인 실력파 디자이너를 선정해 패션 동향을 보여주는 2016 홍면 인터내셔널 패션 위크(2016 Hongmian International Fashion Week)도 진행됐다.

〈K패션 쇼룸 르돔 행사, 이미지 출처 : 패션저널〉

〈2016 홍먼 인터내셔널 패션 위크, 이미지 출처 : 헤럴드POP〉

특히, 광저우는 한국 패션에 매우 관심이 많은 지역으로, 이 지역 인터넷 쇼핑몰 중 매출 1위에 해당되는 곳은 동대문 패션을 카피하여 인터넷으로 판매하는 쇼핑몰이다. 이 쇼핑몰은 20대의 젊은 디자이너들로 이루어져 있고, 매일 쏟아지는 동대문 패션들 중 중국 고객들이 선호할 만한 디자인을 골라 그대로 카피하여 옷을 제작하고 인터넷을 통해 판매한다.

이처럼 중국 소비자들에게 한국의 패션에 대한 인식은 높아지는 추세이며, 이러한 소비자들을 대상으로 중국의 기업들이 사업을 진행하고 있는 상황이다. 하지만, 동대문이나 남대문에 입점해 있는 개별 점포들이 중국에 진출하고 싶어도 진출하기가 쉽지는 않다.

"중국 내에서 한국 패션에 대한 관심은 높아지고 있는데 비해 동대문이나 남대문에 입점한 작은 점포들이 중국에 진출하기는 쉽지 않아요. 중국에 진출하고 싶어도 어떻게 해야 할지 모르고, 중개업체를 통해서 물건을 납품하더라도 높은 수수료를 지불해야 합니다. 하지만, 이마저도 쉽지 않죠."

리앙의 원종은 대표는 2016년 3월에 한류 기반의 모바일 유통 플랫폼 '아이따한'을 본격적으로 시작했다. 아이따한은 한중 모바일 역직구 플랫폼으로, 구글 플레이 스토어를 비롯해 중국의 앱마켓인 바이두, 샤오미, 360, 완두콩 등에서 앱 다운로드가 가능하다.

〈리앙의 서비스 소개, 출처 : 리앙 사업계획서〉

리앙의 유통 플랫폼 '아이따한'은 동대문 및 남대문의 패션에 관한 아이템을 데이터베이스화 하였다. 모바일에서 터치를 하여 한국의 의류상품을 중국에 배송해주는 시스템을 구축하여 중국 바이어들이 한국의 의류를 구매하는데 소요되는 비용과 시간을 단축시켜주는 구조이다.

구매자는 다양한 상품을 빠르고 쉽게 검색 및 구매할 수 있고, 배송 및 물류 상태도 간편하게 확인할 수 있다. 판매자는 간편한 상품 등록 과정을 통해 국내 상권에 국한되었던 영업활동에서 벗어나 중국시장에 진출할 수 있고, 아이따한을 통한 이벤트 및 프로모션 등 마케팅 활동도 가능해진다.

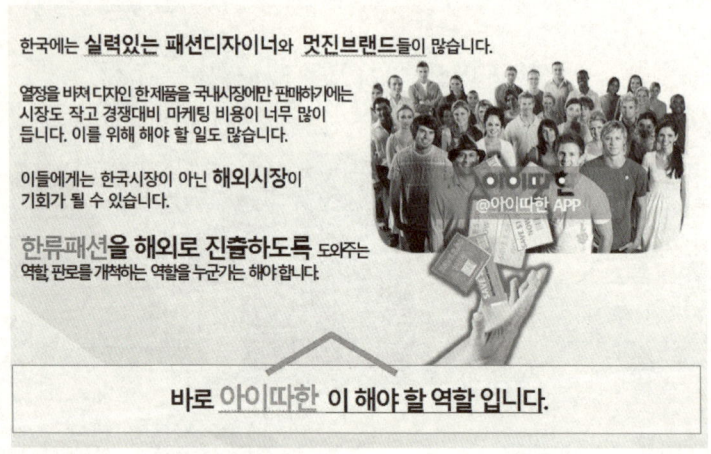

〈리앙의 역할 소개, 출처 : 리앙 사업계획서〉

리앙은 동대문 최대 규모의 상가인 누죤 쇼핑몰을 비롯해 유어스, APM, 디오트, 청평화 시장 등 동대문의 도매 쇼핑몰 내 100여개 입점 상점들과 제휴를 맺었다. 또, 남대문의 아동복, K-MDC 프리미엄 아울렛, 유명 디자이너 브랜드 등과도 판매 제휴를 맺는 등 판매자 영역을 확장하고 있다.

사실, 리앙의 비즈니스 모델은 매우 단순하다. '이런 서비스가 그 동안 없었을까?' 싶을 정도로 아이디어적 요소가 강한 비즈니스 모델이다. 하지만, 이것은 중국의 알리바바도 마찬가지였다. 앞서 설명한 바와 같이 마윈의 알리바바 창업은 중국 중소기업을 위한 B2B 장터를 만들겠다는 것이었고, 비즈니스 모델 자체는 매우 단순했다. 알리바바는 B2B 사업이 잘 되자, B2C 사업으로 확장하는 형태로 진행된 것이다.

리앙 역시 초기 비즈니스 모델은 개별 소비자와 거래하는 B2C가 아니라 기업과 기업간 거래인 B2B를 표방하고 있다. 그렇다고 하더라도 기존에 한국의 의류제품을 중국과 거래하는 방법이 없는 것은 아니다. 리앙의 차별화 전략은 무엇일까?

리앙의 차별화 전략

2016년 6월, 리앙은 중국 청도시 이류통상무유한공사(青岛易流通商贸有限公司, 총경리 주승광)와 한류상품의 중국 유통 및 판매를 위한 MOU를 체결했다. 2015년 설립된 청도시 이류통상무유한공사는 종합쇼핑 플랫폼으로 한국 상품 판매와 중국 전자상거래 업체들을 육성하고 있으며, 청도 지역뿐만 아니라 중국 각지의 보세물류구역 안에 위치한 '한국관'에 상품 공급자로 지정되어 있는 전문기업이다.

〈이류통상무유한공사와 협약하는 리앙 원종은 대표, 사진 제공 : 리앙〉

리앙은 금번 MOU를 계기로 한국 패션의류, 잡화, 악세서리 등을 중국 B2C 채널에 입점시켜 공격적인 한류 마케팅에 나설 예정이다. 또한, 리앙은 무역 B2B e마켓플레이스 기업인 이씨플라자㈜(대표 박인규)의 글로벌 플랫폼과도 상품공급 계약도 체결하여 중국 B2B 채널을 공략에 나섰다.

리앙은 중국 현지법인 '위해시아이따한전자상거래유한공사(威海市爱搭韩电子商务有限公司)'를 설립했다. 중국 현지법인은 산동성 위해시 경제기술개발구에 설립했다. 현지법인 설립으로 리앙은 알리바바의 B2B전문 쇼핑몰인 1688.com의 한국관 입점 및 징동닷컴 입점을 본격적으로 진행하고 있다. 또한 중국 최대규모의 온라인 쇼핑몰 중 하나인 한두이서(韓都衣舍)와 공동 브랜드 설립도 진행중이다. 한두이서는 한류 패션을 전문으로 취급하는 중국의 의류 전문 온라인 쇼핑몰로, 하루 발송 상품이 10만 개에 달한다.

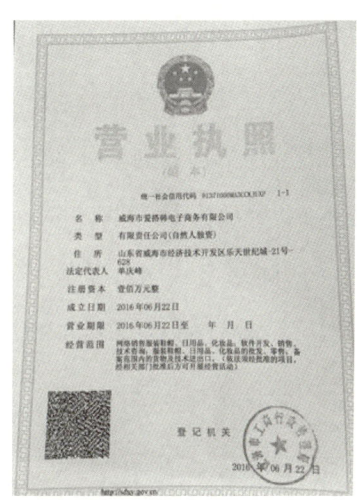

〈리앙의 중국법인 사업자등록증.
출처 : 리앙 사업계획서〉

〈한두이서와 공동브랜드 협약을 체결하는 원종은 대표, 사진 제공 : 리앙〉

　리앙과 MOU를 체결한 한두이서는 중국 최대의 한류 패션 전문 온라인 쇼핑몰로 4천만명의 회원을 보유하고 있으며, 중국 중소벤처기업 전용 장외거래시장인 신삼판(新三板)에 상장한 바 있다. 중국 최대의 온라인쇼핑몰 티몰(TMALL)의 의류패션 업체 1위로 선정된 바 있으며, 2012년부터 2015년까지 4년간 광군제에서 최대 매출액 4관왕을 달성한 기업이다.
　리앙은 이러한 활동을 통해 한류패션 플랫폼인 '아이따한'의 브랜드화를 추진한다. 대부분 브랜드가 없는 동대문 상품에 아이따한 브랜드를 입혀 중국 시장에 진출시키려는 전략이다.
　아이따한은 중국과 동남아의 B2B시장 및 B2C시장 공략을 위해 동대문, 남대문의 패션브랜드와 제휴해 유통하는 플랫폼으로, 중화권에 이어 동남아 시장 진출을 위해 브랜드 확보에 힘을 기울이고 있다.

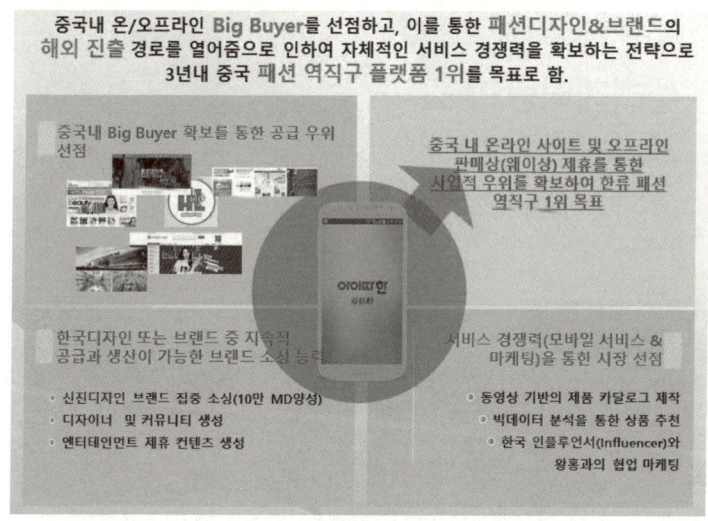

〈리앙의 사업목표, 출처 : 리앙 사업계획서〉

　리앙은 여타의 다른 스타트업과는 확실한 차별점이 있다. 창업부터 글로벌 시장을 겨냥하였고, 중국 비즈니스를 진행함에 있어서 가야할 길을 확실히 정해놓고 가고 있다는 것이다.

액셀러레이팅의 효과

〈해외 투자자와 교류 중인 리앙 원종은 대표와 전홍기 이사, 사진 제공 : Y&ARCHER〉

"리앙이 창업 후 사업을 진행하면서 중국의 기업들과 협약이나 계약도 해 봤고 해외 진출에 대한 경험이 있습니다. 하지만, 우리는 아마추어였기 때문에 체계적이라기 보다는 되는 데로 한 것 같습니다. 'Y-Pump Up Batch' 프로그램을 통해서 체계적이고 정상적인 절차를 밟아가고 있다는 생각이 들었습니다."

리앙이 'Y-Pump Up Batch' 프로그램에 지원해서 선정이 될 당시의 사업계획서를 살펴보면, 리앙의 비전인 '한국의 중소 패션 상점들에게 해외 진출의 기회를 열어주자'는 부분은 잘 명시되어 있었다. 하지만, 다른 경쟁사와 어떻게 차별화된 전략으로 사업을 이끌어 나가겠다는 부분에서 투자자들에게 잘 와 닿지는 않았다.

"필라델피아에 와서 많은 해외 투자자들을 만나면서 투자자들이 어떤 시각으로 스타트업을 바라보는지에 대한 것들을 많이 알게 되었습니다. 스타트업들은 대부분 과거 실적을 보여줄 수 없는 기업들입니다. 아직 제대로 된 매출을 시현해 본 적이 없으니까요. 투자자들도 기업 투자에 대한 경험이 많기 때문에 여러 기업들의 성공과 실패 사례에 대한 경험치를 갖고 있겠죠. 이런 투자자들을 논리적으로 설득할 수 있는 훈련이 이번 액셀러레이팅 프로그램을 통해 이루어졌다고 생각합니다."

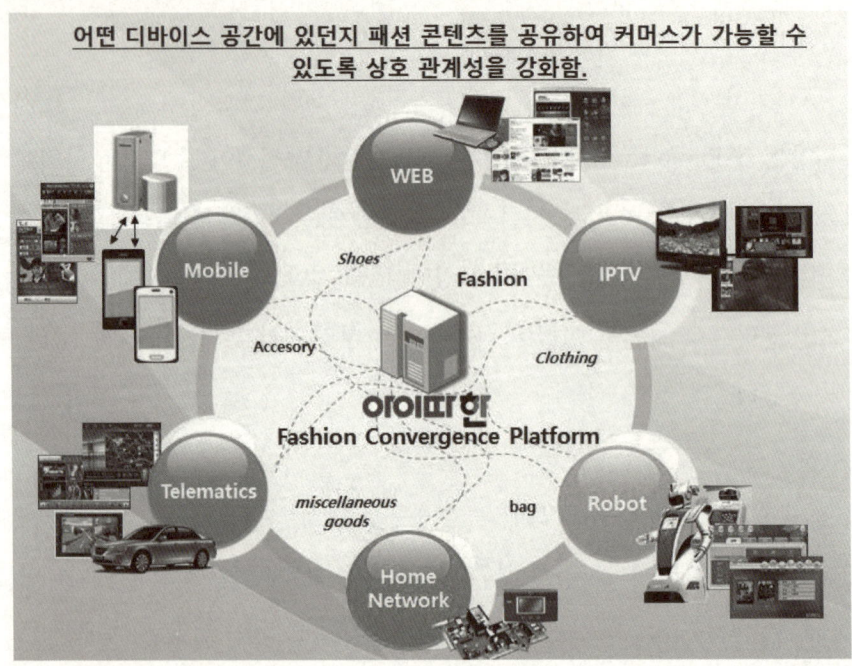

〈리앙 플랫폼의 구조, 출처 : 리앙 사업계획서〉

리앙은 태생부터 글로벌 사업을 구상하여 창업한 기업이기 때문에 해외 사업 거점이 중요하다. 리앙이 중국 위해시에 현지법인을 설립하긴 했지만, 이 정도로는 글로벌 사업을 진행하기에는 부족하다.

"리앙이 시장점유율을 늘리기 위해서는 한국 의류에 관심이 있는 해외 고객들을 빨리 많이 확보하는 것이 중요합니다. 현재는 중국의 파트너들과 협력을 강화하면서 고객들을 확보하려 하고 있지요. 하지만, 이것만으로는 고객 확보에 한계가 있습니다. 현지에 브랜드 가치를 높이고 고객들과 단단한 관계를 형성하려면 아무래도 현지에 거점을 확보하는 것이 좋지요."

　액셀러레이터 지원의 형태로는 금융과 비금융으로 나눌 수 있다. 금융이라는 것은 쉽게 말해서 스타트업의 투자 유치 등 자금조달을 말하는 것이고 비금융이라는 것은 자금조달 이외에 영업, 관리, 법률 등 실질적인 비즈니스에 도움을 주는 형태이다. 흔히 액셀러레이터는 스타트업을 선발하여 육성한 뒤, 벤처캐피탈로부터 자금조달을 받을 수 있도록 도와주는 금융지원 기관이라고 생각하지만, 액셀러레이터의 지원 활동 중 비금융 지원에 대한 부분도 소홀히 할 수 없는 부분이다.

　벤처캐피탈은 아무래도 스타트업 투자보다는 회수가 빠른 Pre IPO(Pre IPO 투자는 일반적으로 기관투자자들을 상대로 향후 몇 년 내에 상장하겠다는 약속을 하고, 투자자들은 상장 후 주식시장에서 지분을 매각하는 목적으로 투자하는 방식. 이때 투자기업은 약속기간 내에 상장되지 않으면 매각 지분을 환매 할 의무(put-option)를 지니는 경우가 많음.) 투자를 선호하기 때문에 스타트업이 액셀러레이팅 프로그램을 이수하더라도 바로 벤처캐피탈 투자를 받기 어려울 수 있다. 따라서, 액셀러레이터는 스타트업이 벤처캐피탈 투자를 받기 전에 기업이 유지될 수 있도록 영업활동이나 기타 관리부분에 대한 지원에 신경 쓸 필요가 있다.

〈중국 광저우 과기금융촉진회와 협약을 진행 중인 Y&ARCHER, 사진 제공 : Y&ARCHER〉

"광저우에 와서 새롭게 알게 된 것은 와이앤아처와 업무 제휴를 하고 있는 광저우의 기관에 리앙이 사무실을 오픈할 수 있다는 것입니다. 광저우는 중국 지역 중에서도 패션산업이 발달한 곳이고, 리앙이 여기에 쉽게 거점을 마련할 수 있다는 것은 굉장히 큰 혜택을 받게 되는 것이지요. 다른 기업들은 잘 모르겠지만, 리앙 입장에서는 'Y-Pump Up Batch' 프로그램을 통해서 실질적인 도움을 많이 받고 있다고 볼 수 있습니다. 이 프로그램에 참여하지 않았다면 이렇게 빨리 광저우에 거점을 마련할 수 있을 것이라고는 전혀 생각하지 못했을 겁니다."

스타트업들이 글로벌 액셀러레이팅 프로그램에 참여하다 보면, 가장 어려워하는 것이 언어적인 문제이다. 'Y-Pump Up Batch Philadelphia"에서는 스타트업들의 발표를 영어로 하게 했다. 필라델피아 데모데이를 진행하기 전에 국내 사전준비기간 동안 전문가 코칭을 통해 발표자들의 영어 발표 수준을 향상시키는 작업을 진행했다.

〈필라델피아에서 영어로 발표하는 리앙 전홍기 이사, 사진 제공 : Y&ARCHER〉

"영어 발표는 굉장히 힘들었습니다. 하지만, 영어 발표를 준비하고 발표하는 과정을 겪으면서 리앙의 사업계획을 다른 언어를 쓰는 사람들에게 전달하는 방법을 어느 정도 터득한 것 같아 보람도 느낍니다. 이 경험을 통해 우리의 비즈니스를 해외 고객들과 커뮤니케이션 할 수 있는 자신감을 얻은 것 같습니다."

〈광저우 데모데이 만찬장, 가운데가 리앙 전홍기 이사, 사진 제공 : Y&ARCHER〉

리앙의 사업 이념은 알리바바의 초기 사업 이념과 매우 닮아있다. 알리바바는 초기에 중소기업을 위한 B2B 장터를 만들겠다는 의지로 시작했지만, 사업 규모가 커지면서 고객의 범위가 개인 소비자에게까지 확산되었고, 사업영역도 매우 넓어졌다.

"리앙의 비전은 명확합니다. 해외에 진출하고 싶지만, 진출하지 못하고 있는 한국 동대문과 남대문에 있는 패션 상점과 신진 디자이너들에게 해외 판로를 열어주겠다는 것입니다. 리앙은 오늘날 사업영역이 확대된 알리바바처럼 되는 것을 목표로 하고 있지는 않습니다. 나중에 어떻게 될지는 아직 잘 모르겠습니다만, 현재로서는 리앙이 수립한 비전과 목표가 뚜렷하고 그 목표를 향해서 갈

겁니다."

〈리앙의 비전, 출처 : 리앙 사업계획서〉

스타트업으로서 투자자들 앞에서 발표를 해 보니, 우수 창업팀들을 선발하는 심사위원일 때, 창업자들에게 제가 무심코 던진 이야기들을 반성하게 됩니다.

_ 리앙 전홍기 이사

제7장

스탠딩톨(Standing TALL) :
자신의 **스토리**로 창업하면 세계인이 공감한다

제7장 스탠딩톨 (Standing TALL) :
자신의 스토리를 창업하면 세계인이 공감한다

삼진어묵 이야기

2016년 추석명절, 직장인 A씨는 지인으로부터 명절선물을 택배로 받았다. 택배박스를 열어보니, 거기에는 다양한 어묵들이 개별 포장되어 있었다. A씨는 명절선물로 어묵을 받았다는 것이 좀 특이하기도 했지만, 어묵이라는 것이 일상적인 반찬으로도 이용되고 어묵탕으로도 먹을 수 있기 때문에 실용적이라는 생각이 들었다.

〈A씨가 선물 받은 어묵 선물세트, 사진 출처 : Y&ARCHER〉

명절에 어묵을 선물한다는 것은 예전에는 상상하기 어려웠지만, 지금은 자연스러운 선물 아이템이 되었다. 왜냐하면, 과거와는 달리 어묵이 고급화되고 다양한 요리로 진화하고 있기 때문이다. 그 중심에는 전통의 어묵명가인 부산기업 '삼진어묵'이 있다.

삼진어묵은 1953년 고 박재덕 창업자에 의해 설립된 '국내에서 가장 오래된 어묵 제조 업체'로 현재는 오너 3세인 박종수 대표가 가업을 이어오고 있다. 삼진어묵이 주목 받는 이유는 단순히 전통적인 가업을 이어오고 있다는 점이 아니다.

〈삼진어묵의 부산어묵 체험 역사관, 사진 출처 : 삼진어묵 페이스북〉

2013년 직원 50여명, 매출액 50억 원으로 중소기업이었던 삼진어묵은 어묵을 제과제빵처럼 고급스럽게 만들어 분위기 좋은 카페에서 판매를 시작했다. 이렇게 한지 3년 만에 직원은 3년 전에 비해 10배가 되어 500명, 매출액 역시 3년 전에 비해 10배로 늘어 500억 원의 중견기업으로 성장했다.

〈백화점에 입점하여 판매 중인 삼진어묵, 사진 출처 : 삼진어묵 페이스북〉

삼진어묵 열풍의 시작은 '창의적인 발상'에 있었다. 2013년까지 삼진어묵의 핵심역량은 어묵 제조기술이었다. 실제로 삼진어묵은 대한민국에서 가장 오래된 어묵 제조공장과 노하우를 갖고 있었다. 하지만, 어묵은 반찬이나 길거리 음식 등 '고급'과는 다소 거리가 있는 아이템으로 인식되어 왔다. 따라서 제조기술에 대한 진입장벽이 낮고 많은 업체들이 난립해 있어 제조업체의 브랜드 인지도도 낮은 상황이었다.

〈파리바게트 카페, 사진 출처 : 파리바게트 페이스북〉

삼진어묵의 박대표는 길을 가다가 고급스러운 제과점 카페를 보면서 '발상의 전환'을 생각하게 된다.

'삼진어묵은 대한민국에서 가장 오래된 어묵명가라는 자부심이 있고 이것을 브랜드화 시킬 수 있다. 경쟁업체와 차별화 시키기 위해서 어묵을 기존 방식으로만 제조하고 유통할 것이 아니라 고급스러운 어묵카페를 만들어서 고급화 전략을 꾀한다면 소비자들에게 좋은 반응을 얻을 수 있지 않을까? 제과점도 고급화 전략으로 성공했는데 어묵도 그렇게 되지 않으리라는 법이 있나?'

분위기 좋은 어묵카페에서 어묵을 파는 것은 좋지만, 기존 제품으로 진행하기에는 고객들에게 고급화 제품이라는 인식을 심어주기에는 부족했다. 그래서, 고급화에 걸맞는 새로운 제품을 개발하게 되는데, 이것이 바로 삼진어묵 열풍을 일으킨 제품 '어묵크로켓'이다.

〈삼진어묵의 어묵크로켓, 사진 출처 : 삼진어묵 페이스북〉

박대표는 언론과의 인터뷰에서 이렇게 말했다.

"원래 어묵에는 밀가루가 들어가지 않아요.. 처음 삼진어묵과 부산의 여러 어묵 제조업체들은 풍부한 생선을 그대로 가공해서 만들었거든요. 이 옛 방식을 되살려 어묵의 진가를 소비자들에게 선보이고 싶었어요. '진짜 부산 어묵'의 맛을 보이고 싶었죠. 재료의 배합은 물론, 기계식 연육 분쇄기가 아니라 옛날에 쓰던 돌절구를 이용해 미묘한 맛의 차이까지 되살렸습니다."

저가의 어묵이라는 선입견을 바꾸고 싶었다는 박대표는 부산의 옛 공장을 새로운 어묵 문화의 출발지로 삼아야겠다고 마음먹고 대대적인 리모델링에 들어갔다. 그가 시도한 것은 1) 유명 베이커리 카페 못지않은 공간에서 빵을 고르듯 다양한 어묵을 고르게 하는 것, 2) 소비자의 신뢰를 높이기 위해 제조 공정 전체를 공개하는 것, 3) 어묵이 더 이상 반찬이 아닌, 그냥 먹어도 훌륭한 간식이 되어야 한다는 것이었다.

"어차피 중소기업이나 소상공인이 유통에 있어서는 대기업과 경쟁할 수 없으니 전통 시장이나 소비자 직접 판매, 그리고 고급화와 맛 등에서 승부수를 던져야 합니다. 유통과 가격에서 대기업을 상대하기 버거운 건 당연하죠. 삼진어묵은 유통과 가격에서 대기업 수준의 경쟁력을 갖추는데 치중하지 않고, 오히려 중소기업만의 강점을 잘 살리는데 노력했다고 볼 수 있습니다. 전문화, 고급화, 수제화 등을 통해 시중에 대량으로 판매되는 어묵보다 비싸더라도 기꺼이 소비자가 선택하게 한 것이죠."

〈삼진어묵의 박종수 대표, 사진 출처 : 중소기업뉴스〉

 삼진어묵의 새로운 시장개척은 어묵카페 문화를 확산시켰다. 그리고 삼진어묵의 비즈니스 모델을 따라가는 여러 기업들이 나타났다. 선두주자인 삼진어묵과는 약간씩 차별화 포인트를 주어 나름대로의 시장을 형성하고 있다.
 삼진어묵보다 매장을 더 대형화하여 다양한 아이템을 한 곳에서 즐길 수 있게 만든 '고래사어묵'이나 제품은 삼진어묵과 비슷하나, 삼진어묵 보다는 매장을 소형화하여 동네 빵집 분위기로 차별화를 꾀한 '어선당' 같은 곳이다.

잘 되는 아이템이 있으면 그것을 따라가는 후발주자가 생기는 것은 시장의 당연한 이치이며 선도기업 입장에서는 그것이 꼭 나쁜 것만은 아니다. 경쟁을 통해 소비자들에게 제공되는 제품과 서비스가 개선되는 효과가 있고, 시장 전체가 확대되어 시장의 파이가 커짐에 따라 오히려 매출이 증가하게 되는 선순환 효과가 있을 수 있기 때문이다.

〈고래사어묵 해운대점, 사진 출처 : 네이버블로그〉

〈어선당 수원점, 사진 출처 : 네이버블로그〉

나의 스토리보다 강력한 것은 없다

2016년 9월 미국 필라델피아, 'Y-Pump Up Batch Philadelphia Demoday' 발표의 마지막 순서였다. 마지막 순서를 발표하는 스타트업 발표자는 체구가 작은 여자였다. 그런데, 걸음걸이가 뭔가 좀 부자연스러웠다. 그녀는 떨리는 목소리로 발표를 시작했다.

〈필라델피아에서 영어로 발표하는 스탠딩톨 강선영 대표, 사진 출처 : Y&ARCHER〉

그녀는 마지막 순서에 발표했는데, 이 날 오랜 시간 동안 많은 스타트업들이 발표를 진행했기 때문에 발표를 듣는 미국 투자자들은 피로감이 쌓이는 시간대였다. 그럼에도 불구하고 모든 청중들이 숨죽이며 그녀의 발표를 들었다. 그 누구도 자신의 스마트폰을 들여다보거나 딴 짓을 하는 사람은 없었다.

"저는 선천적인 장애가 있고, 저 자신이 척추측만증 환자입니다. 그래서 시중에 나와있는 많은 척추측만증 보조기를 착용해 봤습니다. 척추측만증 환자는 보조기를 2년동안 착용하여 교정을 한 후, 2년동안 운동을 통해 재활활동을 하여 척추측만증을 개선해야 합니다. 기존 보조기 제품들은 교정용으로만 만들어져서 딱딱합니다. 이것을 착용하고서는 운동을 병행할 수가 없지요. 그래서, 저는 보조기를 부드럽게 만들어서 착용을 하고서도 운동을 할 수 있게 했습니다. 이렇게 되면 4년간의 재활과정을 2년으로 단축시킬 수 있습니다. 게다가 스탠딩톨의 보조기는 개인 맞춤형으로 3D 프린터로 제작됩니다."

척추측만증(scoliosis)이란, 척추가 C자형이나 S자형으로 휘어져서 몸이 좌우로 기울거나 몸이 돌아가 변형되는 증상을 말한다.

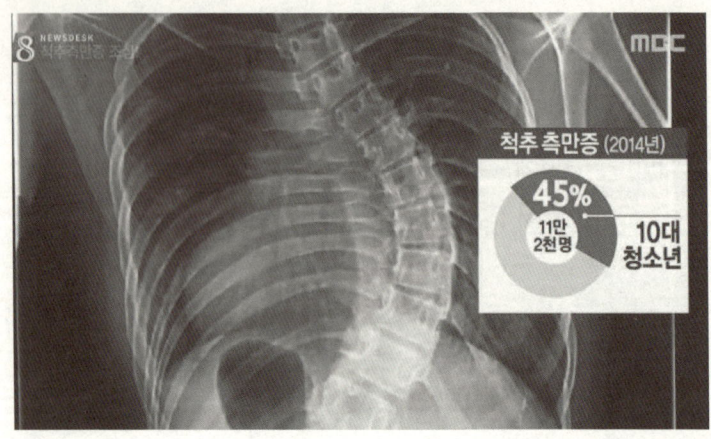

〈척추측만증 환자 엑스레이 사진, 사진 출처 : MBC〉

　　헬스케어 의료기기 전문업체인 스탠딩톨을 창업한 강선영 대표는 바이오를 전공하지도 않았고 공학을 전공하지도 않았다. 그녀는 고려대학교에서 신문방송학을 전공했다. 그런데, 어떻게 의료 보조기를 만들게 되었을까?

〈투자자들의 질문에 답변하는
스탠딩톨 강선영 대표,
사진 출처 : Y&ARCHER〉

그녀는 스스로가 척추측만증 환자였고, 스스로 척추측만증 의료보조기의 고객이었다. 하지만, 모든 고객이 스스로 제품을 만들지는 않는다. 그녀는 남들이 하지 않는 '창의적인 발상'을 한 것이다.

다시 삼진어묵의 사례로 돌아가 보자. 삼진어묵의 박종수 대표가 2013년도에 새로운 먹거리 문화를 창조할 수 있었던 이유는 창의적인 발상으로 본인의 핵심역량과 새로운 영역을 과감하게 융합시켰기 때문이다. 본인이 가진 핵심역량은 오랜 기간 동안 노하우가 쌓여있는 어묵 제조공장이었고, 그것을 '고급 베이커리 카페'라는 새로운 영역과 과감하게 융합시킨 것이다.

스탠딩톨의 강선영 대표도 마찬가지이다. 본인이 가진 핵심역량은 오랜 기간 동안 쌓아온 기기 사용에 대한 노하우였고, 그것을 '3D 프린팅'이라는 새로운 영역과 과감하게 융합시킨 것이다. 본인이 가진 핵심역량 이외의 것은 전문가의 도움을 받거나, 그녀 스스로가 3D 프린팅을 공부하여 보완할 수 있었다.

삼진어묵의 박대표나 스탠딩톨의 강대표가 한 '변화의 모색'은 기업가정신의 표본에 해당되는 것이고, 이것은 말처럼 쉽지 않다. 기존에 없던 것을 만든다는 것을 주변 사람들에게 이해시키는 것은 매우 어려운 일이다. 기존에 없던 것이고 구현되지 않은 계획을 들으면 사람들은 그것이 잘 될 것이라고 인정하지 않는다.

"글쎄… 그게 잘 되겠어?"

이것이 대부분의 주변 사람들 의견일 것이다. 새로운 것을 만들어 새 역사를 쓰는 기업가 또는 창업가가 일을 진행하기 위해서는 본인의 고집이 필요하다.

〈투자자들과 토의하는 강선영 대표, 사진 제공 : Y&ARCHER〉

강대표는 본인의 제품에 본인의 스토리를 입혔다. 이것은 매우 중요하다. 대기업 제품과 경쟁하기 위해서는 뭔가 특별한 것이 필요하다. 삼진어묵이 대기업 제품보다 가격경쟁력이 낮았지만, 삼진어묵 만의 스토리를 입혀서 고급화에 성공한 것처럼 스탠딩톨도 대표의 스토리를 제품에 입혀서 고객들에게 공감대를 형성한다면 충분히 경쟁력 있고 시장성 있는 제품이 될 것으로 보인다.

왜 스탠딩톨의 제품을 사야 하는가?

강대표는 이것을 뒷받침 해 줄 수 있는 브랜드 스토리를 충분히 만들 수 있다고 생각한다. 나의 스토리만큼 강력한 것은 없기 때문이다.

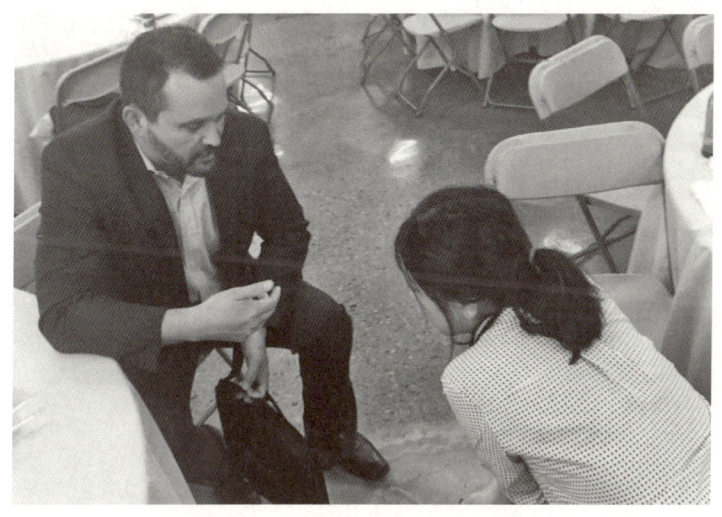

〈스탠딩톨 제품에 관심이 있는 투자자와 이야기하는 강선영 대표. 사진 제공 : Y&ARCHER〉

필라델피아 데모데이에서 한 투자자가 강대표에게 질문했다.

"제 친동생이 최근에 의사로부터 척추측만증 진단을 받았고, 수술을 하기로 했습니다. 척추가 15도 정도 틀어져 있다고 진단을 받았어요. 제 동생이 당신 제품을 사용하게 되면 수술을 받지 않고 증상의 개선이 가능할까요?"

강대표는 이렇게 답변했다.

"스탠딩톨의 척추측만증 보조기 플렉스파인은 40도까지 변형된 환자에 대해서 치료가 가능합니다. 15도 정도라면 수술 없이 플렉스파인을 착용하고 운동요법을 통한 재활치료를 한다면 충분히 개선될 수 있습니다."

스탠딩톨의 중국 진출 전략

중국 정부가 국가 전략 사업으로 헬스케어 산업을 집중 육성함에 따라 헬스케어 관련 기업의 중국 진출이 쉬워질 전망이다. 2016년 10월, 중국 공산당 중앙위원회와 국무원이 헬스케어 산업 발전 로드맵 '헬스차이나 2030' 계획을 발표했다. 이에 따라 헬스 서비스 산업을 2020년 8조위안(약 1,351조원), 2030년 16조위안(약 2,703조원) 규모로 집중 육성할 방침이다.

〈중국의 약국, 사진 출처 : 산업일보〉

미국, 캐나다, 일본 등 선진국의 GDP 대비 헬스산업 비중은 10~15% 가량에 달하지만, 중국의 경우 이 비중이 4~5%에 불과한 실정이다. 2007년 처음 언급된 '헬스차이나'는 2015년 3월 중국 최대 정치행사인 양회(兩會)에서 국가 전략 사업으로 격상되며 본격적으로 추진되기 시작했다.

'헬스차이나 2030'의 전략적 목표는 명확하다. 2020년에는 중국 국민 모두가 기본 의료 보건 서비스 및 기본 스포츠 헬스 서비스를 누리는 중소득형 국가 반열에 드는 것이고, 2030년에는 보다 정비된 헬스 체계를 갖춘 고소득형 국가 반열에 드는 것이다.

보다 구체적인 목표 수치를 살펴보면, 2030년까지 일인당 평균 기대수명을 만 79세로 늘리고, 만성질환으로 인한 조기 사망률을 30% 줄이고, 개인 보건 지출 비중을 25%까지 낮추고, 자주 스포츠 활동을 하는 인구를 5억3천만명까지 늘리는 게 목표이다.

'헬쓰차이나 2030'은 중국 정부의 바이오 산업 육성책의 연장선상에 있다. 중국 정부는 바이오 산업을 미래성장 산업으로 지정하여 정책적 지원이나 투자를 아끼지 않고 있다. 중국은 전통 제조업 구조조정의 일환으로도 바이오 산업의 육성을 내세우고 있다. 중국의 바이오산업은 매년 20% 이상 성장하고 있으며, 전문가들은 2020년이면 중국이 미국에 이어 세계에서 두 번째로 큰 바이오 시장을 형성할 것으로 보고 있다.

한국은 아무리 좋은 상품이나 서비스를 개발해도 시장의 규모가 한정돼 있다. 우리나라의 경제적 운명은 글로벌 시장에서의 성과에 달려 있다고 해도 과언이 아니다. 중국은 14억 인구의 거대한 시장이 있다. 게다가 상당한 경제적 능력을 갖춘 소비자가 존재한다.

〈중국의 매체와 인터뷰하는 강선영 대표, 사진 제공 : Y&ARCHER〉

스탠딩톨에게는 중국 정부의 바이오 헬쓰케어 육성정책이 기회가 될 수 있다. 척추측만증 보조기를 제조하고 판매하는 스탠딩톨에게 한국시장만 보고 사업을 한다는 것은 너무 근시안적인 시각이다. 건강보험심사평가원에 따르면 국내 척추측만증 환자는 20만명이 채 되지 않는다. 시장 규모가 크지 않다는 이야기다. 스탠딩톨은 적극적으로 해외진출에 힘써야 한다.

어떻게 하면 스탠딩톨이 성공적으로 중국 시장에 진출할 수 있을까? 강선영 대표의 발표를 들은 중국인 투자자의 조언에서 해답을 찾을 수 있다.

"중국 시장에서 중요한 것은 '현지화'입니다. 다양한 지역과 민족 특성을 고려해 수요를 파악해야 한다는 것이죠. 또한 단독 진출의 리스크가 커서 실력 있는 중국 파트너와 협력해 진출해야 합니다. 한국 기업 B사는 현지화와 더불어 중국 상류층을 겨냥한 프리미엄 마케팅을 펼쳤는데, 중국 현지의 소득수준 향상 경향을 반영한 전략은 주효했죠. 유통채널을 다각화해 브랜드 파워를 강화한 것 또한 성공적으로 현지 진출을 가능케 했던 요인이라고 볼 수 있습니다."

〈중국 광저우 데모데이에 발표하는 강선영 대표, 사진 제공 : Y&ARCHER〉

스타트업과 액셀러레이터는 동반자

스탠딩톨의 척추측만증 보조기기 플렉스파인은 다음과 같은 장점을 보유하고 있다.

① 유연한 형질로 인해 구부리기 쉬워 기존 경직형 보조기에 비해 편리하다.

② 경직형 보조기에 비해서 착용감이 좋아 장시간 착용이 가능하다.

③ 경직형 보조기는 착용시 운동이 불가능하지만, 플렉스파인은 착용 후 동시에 운동이 가능하다.

④ 경직형 보조기는 보조기 기사가 석고 모형을 떠서 제작하므로 제작비가 비싸지만, 플렉스파인은 엑스레이 사진과 신체 사이즈를 가지고 3D 프린팅으로 제작하므로 제작비를 낮출 수 있다.

⑤ 옷 안으로 입을 수 있게 되어있어 경직형 보조기에 비해 미용적으로 뛰어나다.

2. 제품 소개

주요 핵심기술 및 차별화 전략 - 척추 측만 유형에 따른 맞춤형 보조기

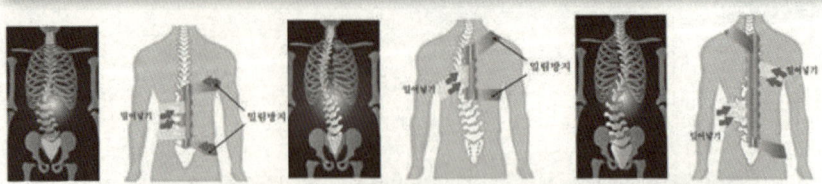

만곡 부위에 따라 제작됨으로 전체적인 부피가 줄어들 수 있다.

C형 척추 측만증

C형 흉추 측만증

S형 척추 측만증

〈플렉스파인 제품 소개, 출처 : 스탠딩톨 사업계획서〉

"Y-Pump Up Batch 프로그램에 들어오지 않았다면, 미국 시장을 노크하는 것은 2~3년 후에나 가능했을 것입니다. 저의 제품이 미국시장에서 이렇게 호응이 좋을 것이라고는 상상하지 못했으니까요. 저는 창업 후에 국내시장부터 공략을 한 후, 어느 정도 국내시장에서 인지도가 쌓이면 해외로 진출하는 것이 맞다고 생각했습니다. 이 프로그램을 통해 글로벌 시장을 먼저 공략하는 것이 사업을 더 빨리 확장시킬 수 있는 방법이라는 것을 깨달았습니다."

스탠딩톨의 강선영 대표를 액셀러레이팅 하면서 쉽지 않았던 점이 있다. 그것은 바로 '좁은 시야를 넓게 확장시키는 것'이었다.

"창업을 하시는 분들은 두 가지 부류입니다. 이전의 창업 경험이 있거나 직장 생활을 통한 경험이 있는 창업자와 저처럼 이전에 전혀 경험이 없는 대학생 창업이죠. 저는 아무래도 경험이 없다 보니 무엇을 해야 할지 갈팡질팡 할 때가 많았어요. Y-Pump Up Batch 액셀러레이팅 프로그램은 제 사업의 방향성을 잡는 데 많은 도움을 주었습니다."

〈중국 투자자들에게 강선영 대표 대신 설명해 주고 있는 와이앤아처 안정란 디렉터, 사진 제공 : Y&ARCHER〉

스탠딩톨의 강선영 대표의 제품은 임상 테스트도 완료했고, 스탠딩톨의 사업장이 분당 서울대학교 병원에 입점하여 서울대학교 병원과 공동으로 제품 판매를 진행할 정도로 전문가들에게 인정도 받고 있다. 게다가 스탠딩톨의 플렉스파인 제품은 그 제조방법에 있어서 특허 등록도 마친 상태여서 지적재산권도 보유하고 있다. 강선영 대표를 담당하여 액셀러레이팅을 했던 와이앤아처의 안정란 디렉터는 이렇게 말한다.

"스탠딩톨의 제품 단계는 상용화가 가능한 수준까지 와 있습니다. 지적재산권도 보유하고 있으니 이제 제품을 잘 팔기만 하면 되는 것이죠. 그런데, 그 부분이 스탠딩톨이 현재 당면한 가장 큰 문제입니다. 고객들을 연결하지 못하여 매출을 발생시키지 못하고 있는 것이죠. 저는 스탠딩톨의 강선영 대표를 처음 봤을 때부터 그 가능성이 국내시장에 국한된다고 보지 않았습니다. 그래서 현재 제가 하고 있는 일은 미국에서 영향력 있는 의료기기 유통공급자와 접촉하여 스탠딩톨의 제품이 미국에서 판매될 수 있도록 노력하고 있습니다. 스탠딩톨은 이제 달려 할 때 입니다."

〈함께 걷는 강선영 대표와 와이앤아처 김경하 매니저, 사진 제공 : Y&ARCHER〉

액셀러레이터는 비즈니스 경험치가 적은 스타트업들이 올바르게 사업을 진행할 수 있도록 돕는 기관이기 때문에 액셀러레이팅 프로그램에 참가하는 스타트업들은 액셀러레이터에게 상당 부분 의지를 할 수 밖에 없다. 하지만, 액셀러레이터 입장에서는 많은 스타트업 기업들을 하나하나 다 챙겨야 하는 것이 쉬운 일은 아니다. 그래서 액셀러레이터는 스타트업들이 올바르게 사업을 진행할 수 있도록 돕는 일에 대해서 사명감을 가져야 한다. 동시에 스타트업들도 액셀러레이터를 그저 이용하는 대상으로만 봐서는 안 된다. 액셀러레이터가 진정성 없는 스타트업에게 좋은 액셀러레이팅을 해줄리 만무하기 때문이다.

스타트업과 액셀러레이터는 동반자라는 것을 명심하자.

내가 남들보다 조건이 나쁘다고 해서 포기하지 마세요. 남들과는 다른 방법으로 하면 됩니다.

_ 스탠딩톨 강선영 대표

컨트릭스랩(Contrix Lab) :
글로벌 창업을 생각한다면, **빨리 시작**하라

제8장 컨트릭스랩 (Contrix Lab) :
글로벌 창업을 생각한다면, 빨리 시작하라

2016 K-GLOBAL ACCELERATOR Y-PUMP UP BATCH

3D Crafts : Web 3D Gallery Cloud

3D Crafts

Show off your Goods and products in 3D,
not only in your own online 3D gallery, but also in online shopping mall.

흙수저와 치킨집

SSC라는 말을 들어본 적이 있는가? 첫 번째 S는 대한민국에서 소위 '가장 잘 나가는' 대학이다. 바로 서울대학교를 의미한다. 두 번째 S는 대한민국 대학졸업자들이 가장 가고 싶어하는 국내 최대의 대기업이다. 바로 삼성을 의미한다. 그렇다면, C의 의미는 무엇일까? C는 바로 '치킨집'을 의미한다. 서울대학교를 졸업하고 삼성그룹에 입사해도 결국에는 퇴직하여 치킨집 사장이 된다는 것을 의미한다.

농담 같은 이야기 이지만, 농담으로만 받아들일 수는 없는 것이 현실이다. 2015년도 통계청의 '프랜차이즈 통계'에 따르면 2013년 현재 치킨전문점 수는 2만2천개로 편의점(2만5천개)과 비슷한 수준이었다.

그런데, 통계청이 집계한 치킨전문점은 공정거래위원회에 가맹점으로 등록된 상표를 대상으로 한 것으로 프랜차이즈 형태만 포함되었다.

프랜차이즈가 아닌 개인사업자를 포함하면 더욱 늘어난다. 주요 판매 품목이 치킨이면서 호프집 등 타업종을 병행하는 곳까지 합치면 치킨집은 3만개를 훌쩍 넘는다는 조사 결과도 있다.

KB금융지주 경영연구소의 2013년 조사에 따르면 국내 치킨전문점수는 10년간 연평균 9.5% 늘어나 약 3만6천개에 달한다. 이 연구소는 당시 KB카드 개인사업자 가맹점을 상대로 치킨전문점 현황을 분석했다. 통계청의 표준산업분류(standard industrial classification, 사업체가 주로 수행하는 산업활동을 그 유사성에 따라 체계적으로 분류한 것을 말함. 산업활동에 관련된 각종 통계를 작성하는 데 통일적으로 적용됨. 우리나라는 1963년부터 UN 통계청이 작성한 국제표준산업분류방식에 따라 우리나라의 산업 특성에 맞는 한국표준산업분류를 제정, 사용해오고 있음.) 체계를 기본적인 토대로 닭강정, 불닭 등 치킨을 주요 판매 업종으로 하는 사업체를 더했고 닭갈비, 찜닭, 삼계탕, 닭 꼬치 등을 파는 곳은 대상에서 제외했다.

KB경영연구소의 분석대로라면 대한민국의 치킨집은 세계 최대의 패스트푸드 업체인 맥도날드의 전 세계 매장 수 보다도 많다. 대한민국에 이렇게 많은 치킨집이 '공급'되고 있는데, 그만큼 '수요'가 있는 것일까?

서울시 분석에 따르면 2014년 기준 창업 3년 이내 폐업률이 가장 높은 업종이 바로 치킨집 이었다. 폐업률은 38%에 달하며, 호프집(37%)과 카페(36%)가 그 뒤를 이었다.

이처럼 경쟁자가 많아 레드오션(red ocean, 이미 잘 알려져 있어서 경쟁이 매우 치열하여 붉은(red) 피를 흘려야 하는 경쟁시장을 말함. 레드오션 시장은 산업의 경계가 이미

정의되어 있고 경쟁자 수도 많기 때문에, 같은 목표와 같은 고객을 가지고 치열하게 경쟁하게 됨. 반대 개념으로 블루오션은 현재 존재하지 않거나 알려져 있지 않아 경쟁자가 없는 유망한 시장을 가리킴.)인 치킨집을 너도나도 창업하는 이유는 무엇일까? 다음은 직장생활 은퇴 후 프랜차이즈 치킨집을 운영하는 한 사장님의 이야기다.

"직장생활을 마치고 휴식기간을 가지다 보니 뭔가를 해야겠다는 생각이 들었습니다. 다른 직장에 취업하기는 어렵고, 소자본 창업을 생각해 봤지요. 몇 개월을 고민했지만 마땅히 할 게 없는 겁니다. 저도 남들 다 하는 치킨집은 하고 싶지 않았지요. 하지만 별다른 기술도 없는 제가 할 수 있는 것은 별로 없더군요."

〈드라마 '월계수 양복점 신사들'의 한 장면, 출처 : KBS〉

드라마 '월계수 양복점 신사들'에 등장하는 인물인 배삼도(차인표 역)는 양복 만드는 최고 장인의 수석 제자로 30여년 전 '월계수 양복점'에 제단 보조로 입사, 국제기능올림픽에서 금메달을 두 번씩이나 수상한 대한민국 최고의 재단 기술을 가진 능력자이지만 본인이 양복점을 열기만 하면 번번히 실패한다. 그래서, 드라마 초반에는 대전의 시장 한 복판에서 아내인 선녀(라미란 역)와 함께 '치킨집'을 운영하는 것으로 스토리가 진행된다.

　이 드라마에 등장하는 배삼도와 선녀는 대한민국 흙수저(부모의 능력이나 형편이 넉넉지 못한 어려운 상황에 경제적인 도움을 전혀 못받고 있는 자녀를 지칭하는 신조어이며 금수저와는 전혀 상반되는 개념이라 할 수 있음.)의 전형(典型)이다. 이처럼 드라마에서도 '치킨집'을 한다는 상징적인 의미를 '근근이 먹고 사는 서민층'을 표현하기 위한 설정으로 쓰일 정도이다.

〈드라마 '월계수 양복점 신사들'의 한 장면, 출처 : KBS〉

이 드라마에 등장하는 인물인 배삼도(차인표 역)가 하고 싶은 것은 '양복을 만드는 비즈니스'이고 '치킨집' 사업은 호구지책(糊口之策, 입에 풀칠하다라는 뜻으로, 겨우 먹고 살아가는 수단을 의미함.)인 것이다. 배삼도는 결국 본인이 원하는 사업인 양복 만드는 일을 하게 되고, 성공하게 된다.

본인 스스로를 '흙수저'라고 판단한다면, 이쯤에서 한 번 생각해보자. 도전하는 것이 두려워 본인이 하고 싶은 일과 무관한 일을 택할 것인가? 아니면 드라마의 인물처럼 본인이 원하는 일에 도전하여 성공하는 삶을 살 것인가?

3D 산업의 이해

2009년 12월, 제임스 카메론(James Francis Cameron, 캐나다계 미국인 감독, 각본가, 제작자, 편집자 및 투자자. 대표적인 작품으로는 '터미네이터(1984)', '타이타닉(1997)', 그리고 '아바타(2009)' 등이 있음. 2009년 12월, 할리우드 명예의 거리에 올랐음.) 감독의 영화 '아바타'가 전세계 극장에서 개봉되었다. 이 영화는 전세계적으로 역대 영화 사상 가장 높은 흥행 수입을 올린 영화로 기록되었다. 하지만, 이 영화는 특정 산업분야에도 큰 영향을 미쳤다. 이 영화가 3D로 제작되었는데, 그 완성도 때문에 전 세계적으로 3D 영상에 대한 관심도가 높아진 것이다.

이러한 영향은 영화관 뿐만 아니라 안방에 까지 미쳤는데, 영화 '아바타' 성공 이 후, TV 제조사는 프리미엄 TV 핵심 기능으로 3D 기능을 전면에

〈영화 '아바타'의 포스터, 출처 : 영화사이트〉

내세웠다. 하지만 결과적으로 3D TV는 현재 실패한 기술로 평가 받고 있는 상황이다. 영화관에서 상영하는 3D 콘텐츠는 늘었지만 여전히 거실에서 즐기는 3D TV는 사용자에게 썩 편안하지 않기 때문이다.

3D TV가 사용자에게 만족스러운 경험을 제공하지 못했다고 해서 3D 기술이 완전히 끝났다고는 볼 수 없다. 3D 기술이 더 성숙하면 분명 새로운 사용자 경험과 시장 창출 효과를 발휘할 수 있기 때문이다.

홀로그래피(holography, 빛의 간섭을 이용한 사진 영상기법) 기술은 '3D 기술의 마침표'로 불리운다. 최고 수준의 광학 기술이 필요하기 때문이다. 양안시차(Binocular Disparity, 왼쪽 눈의 영상과 오른쪽 눈의 영상이 서로 차이가 나는 것을 말함. 사람은 이 양안시차 때문에 입체감을 느끼는데, 이를 이용하여 입체 영상을 구현하는 방식이 3D TV임.) 방식을 이용하는 기존 안경형과 무안경 방식 3D 기술의 최대 단점인 두통과 어지러움 문제가 없어 3D 대중화를 이끌 핵심으로 꼽힌다.

영화 '스타워즈' 등 미래 세계를 소재로 한 영화에서 3D 영상을 허공에 펼쳐 놓는 장면을 자주 접할 수 있다. 이는 홀로그래피 기술로 가능하다. 물체에서 반사된 빛이 다른 방향에서 나온 레이저 빛과 만나 일으키는 간섭 효과를 이용해 필름과 유사한 표면에 3D로 이미지를 기록하는 게 홀로그래피 기술이다. 홀로그램은 해당 물체 형상이 기록된 필름을 지칭한다.

최근 국내 문화 콘텐츠 업계에서는 유사 홀로그래피 기술을 이용한 전시·공연을 다양하게 시도하고 있다. 프로젝터를 이용해 대형 투명막에 고해상도 영상을 투사해 마치 공중에 떠 있는 것 같은 입체 영상을 구현한다. 실물과 가상 물체를 합성해 마치 한 공간에 있는 것 같은 무대를 연출할 수 있다.

〈강남역에서 홀로그램으로 구현한 걸그룹 콘서트, 출처 : SM엔터테인먼트〉

홀로그래피 기술을 상용화하면 수준 높은 360도 3D 입체영상을 즐길 수 있어 산업 파급 효과가 크다. 게임이나 의료 분야를 비롯해 산업에 활용할 수 있는 범위가 다양하다. 전문가들은 홀로그래피 기술을 무궁무진한 분야에 응용

한다면, 새로운 시장을 개척할 수 있다고 주장한다.

홀로그래피 디스플레이가 상용화되면 현실과 디지털이 끊김 없이 연결되는 새로운 세상이 가까워질 것으로 보인다. 언제 어디서든 눈앞에 3D 입체영상을 펼쳐 정보를 수집하고 상호 소통하는 세계를 현실화할 수 있는 것이다. 그러나, 홀로그래피 기술 상용화는 상당한 시일이 필요하다. '현재 기술로는 홀로그래픽 디스플레이를 실현하기 힘들다'라는 것이 전문가들의 의견이다.

〈VR 영상 시현 사례, 출처 : 마이크로소프트〉

따라서, 기업들은 3D 기술을 가상현실(VR)과 증강현실(AR)로 연결하고 있다. 가상현실(Virtual Reality)이란, 컴퓨터가 특정한 상황이나 환경을 만들어 그

것을 보는 사람이 마치 그 세계에 존재하는 것처럼 느끼게 해주는 것으로 사람과 컴퓨터 간의 인터페이스를 말한다.

증강현실(Augmented Reality)이란, 현실에서 3차원의 가상 영상을 겹쳐서 보여주는 기술을 말한다. 현실에서 실시간으로 부가적인 정보를 내려 받는 가상의 세계를 기계를 통해 합쳐서 하나의 영상을 보여주기 때문에 '혼합현실'이라고도 부른다. 전세계적으로 화제가 된 게임 '포켓몬GO'가 바로 이 기술을 적용한 것이다. 이 기술은 게임 뿐만 아니라 최근 광고 홍보 분야에서 각광을 받고 있는데, 광고 홍보를 목적으로 하는 제품에 가상의 이미지를 씌워서 독특한 분위기를 연출할 수 있기 때문이다.

〈포켓몬GO 게임에 열중하는 사람, 출처 : KBS〉

이러한 AR, VR 열풍에 발 맞추어 최근 3D 관련 스타트업들은 AR, VR 컨텐츠를 제작하는 것을 목적으로 창업을 하는 경우가 많다. 현재, 하드웨어 기술은 매우 발달해 있으나 하드웨어에 탑재할 소프트웨어가 절대적으로 부족한 상황이기 때문이다.

컨트릭스랩 포지셔닝 전략

포지션(position)이란 제품이 소비자들에 의해 지각되고 있는 모습을 말한다. 포지셔닝이란 기업이 소비자들의 마음 속에 제품의 바람직한 위치를 형성하기 위하여 제품을 개발하고 소비자들과 소통하는 활동을 의미하는 경영 마케팅 용어이다.

컨트릭스랩은 3D 기술을 기반으로 창업한 스타트업이다. 컨트릭스랩의 김영진 대표는 전기공학을 전공한 엔지니어이고 기업에서 20년 이상 이동통신, 모바일 분야의 기술을 개발했다. 그가 등록한 특허는 4건이고 기 출원한 특허도 7건이나 된다.

컨트릭스랩의 사업을 간략하게 정의하면, 제품, 상품, 광고를 Web과 모바일에서 바로보기, 저장, 공유, 전시하며 몰입형 증강현실로 공유가 가능한 '3D Gallery Cloud' 사업이라고 할 수 있다.

컨트릭스랩의 제품 '3D Crafts'를 좀 더 자세하게 설명하면, 1단계로는 제품의 판매자 또는 전시자가 보유하고 있는 파일을 업로드하게 할 수 있고 폴더의 3D 파일을 온라인에서 바로 보고 편집이 가능하다.

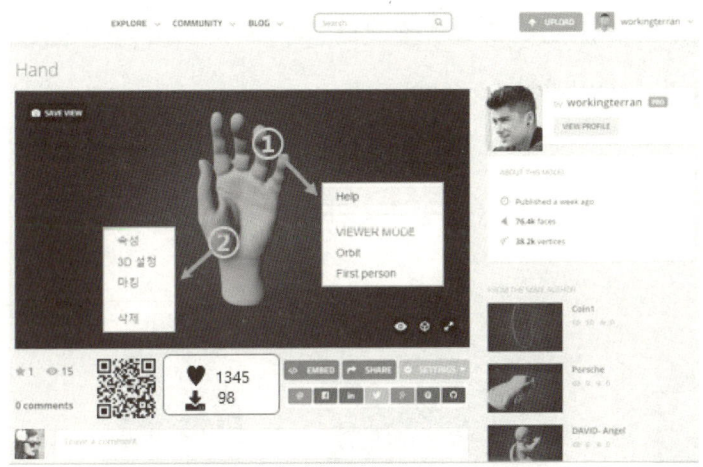

3D Crafts 1단계 기능,
출처 : 컨트릭스랩
사업계획서

2단계로는 업로드 된 3D 파일의 모델을 3D로 전시, 감상이 가능하다.

3D Crafts 2단계 기능,
출처 : 컨트릭스랩
사업계획서

제8장 컨트릭스랩(Contrix Lab) : 글로벌 창업을 생각한다면, 빨리 시작하라

3단계로는 2단계까지 진행한 3D 모델을 온라인과 모바일에서 증강현실을 통한 공유가 가능하며, 오프라인에서도 QR코드(Quick Response Code, 바코드보다 훨씬 많은 정보를 담을 수 있는 격자무늬의 2차원 코드. 스마트폰으로 QR코드를 스캔하면 각종 정보를 제공받을 수 있음.)를 통해 공유가 가능하다.

〈3D Crafts 3단계 기능, 출처 : 컨트릭스랩 사업계획서〉

"3D Crafts는 다른 경쟁 제품과 분명한 차별성이 있습니다. 다른 경쟁사 제품의 경우, 3D 이미지를 구현하려면 별도의 소프트웨어나 앱을 설치해야 합니다. 이것은 사용자 입장에서 여간 귀찮은 일이 아닙니다. 3D Crafts는 별도의 소프트웨어나 앱을 설치할 필요가 전혀 없습니다.

저희는 이것을 3D 크라우드 서비스라고 부릅니다. ActiveX나 JavaApplet 등 별도의 기능을 설치하지 않고 3D 파일을 저장 관리하며, 모든 PC와 모바일 기기에서 쉽고 편리하게 확대, 축소, 회전, 설정 등 3차원의 바로보기나 전시, 공유가 가능한 혁신적인 서비스인 것이죠."

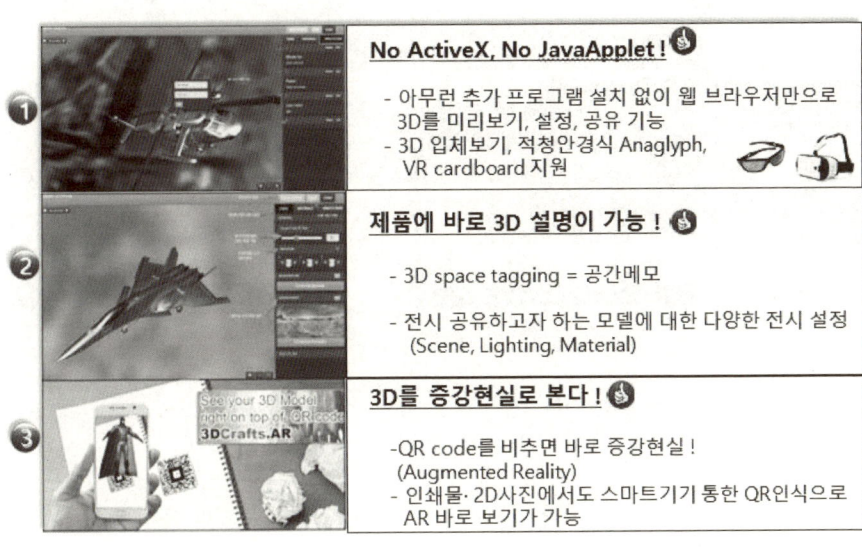

〈3D Crafts의 차별성, 출처 : 컨트릭스랩 사업계획서〉

컨트릭스랩은 이러한 기술력을 바탕으로 한국문화정보원과 협력하여 국내 23개 박물관 유물을 온라인에서 3D로 구현하는 작업을 진행하고 있다.

〈박물관 유물을 3D로 구현한 3D Crafts, 출처 : 컨트릭스랩 사업계획서〉

또한, 11번가를 포함한 국내 2군데, 해외 2군데, 총 4군데의 온라인 오픈마켓(open market, 개인 또는 소규모 업체가 온라인 상에서 직접 상품을 등록해 판매할 수 있도록 한 전자상거래 사이트.) 제품 판매를 3D 모델로 소개할 수 있도록 하였고, 일본과 싱가포르 등 5개의 해외 거점 보유 기업과 업무협력을 하여 마케팅을 추진하고 있다.

〈컨트릭스랩 사업 추진 실적, 출처 : 컨트릭스랩 사업계획서〉

"3D Crafts는 3D 실감 감상 체험을 SNS, 메신저를 통해 다른 사람들에게 전송할 수 있습니다. 이것은 고객들로 하여금 자발적인 공유와 확산을 유도할 수 있습니다. SNS를 통해 개인 게시물 등록이 가능하며, 메신저를 통해 주변 지인들에게 3D 데이터 정보 공유가 가능하다는 점은 다른 경쟁사와 차별화 된 포인트입니다."

〈SNS와 메신저를 통해 공유 가능한 3D Crafts, 출처 : 컨트릭스랩 사업계획서〉

컨트릭스랩은 웹과 모바일용 3D Presenter와 3D Gallery의 핵심기술을 국산화 하였고, 이 기술에 대한 경쟁력을 확보하여, 3D 교육, 3D 프린팅 산업의 확산에 기여하고, 글로벌 강소기업으로 성장하는 것을 목표로 하고 있다.

"전 세계 넘버원 3D Media Cloud Service 회사가 되는 것이 컨트릭스랩의 비전입니다. 사진은 Instagram, 동영상은 YouTube가 생각나듯 3D 하면 3D Crafts를 떠올리는 날이 올 것입니다."

〈제품개발 및 창업 분야 우수상을 수상한 컨트릭스랩, 사진 제공 : 컨트릭스랩〉

컨트릭스랩은 2016년 11월에 열린 '2016 문화데이터 융합 페스티벌'에서 제품 개발 및 창업' 분야에서 우수상을 수상했다.

"Y-Pump Up Batch 프로그램에 참여해서 좋았던 점은 국내 및 해외의 다양한 곳에 컨트릭스랩을 홍보할 기회를 얻었다는 것입니다. 이 프로그램을 통해 컨트릭스랩이 많이 알려졌고 좋은 상도 수상하는 영광을 얻게 되었습니다."

빨리 시작하라

컨트릭스랩의 김영진 대표는 Y-Pump Up Batch 프로그램에 참가한 스타트업 대표들 중 가장 나이가 많다. 그는 1968년생으로, 컨트릭스랩을 만 47세에 창업했다. (컨트릭스랩은 2015년에 설립되었다.) 창업 1년 후인 만 48세에 Y-Pump Up Batch 프로그램에 참가했다. 김대표와 Y-Pump Up Batch 프로그램에 참가한 스타트업 대표들 중 가장 나이가 어린 대표와의 나이 차이는 무려 25년이나 된다.

〈 Y-Pump Up Batch 프로그램에 참가한 스타트업 대표들에게 자기소개를 하고 있는 김영진 대표, 사진 제공 : Y&ARCHER 〉

"저는 엔지니어로 기업에서 20년이 넘게 기술개발을 해 왔습니다. 제가 기술 창업을 하게 된 계기도 제가 그 동안 기업에서 근무하면서 축적된 기술력이 있기 때문이었습니다. 저는 직장 근무 경험 없이 창업을 하는 것 보다는 직장 생활을 하면서 경험을 쌓고 그 경험을 토대로 창업을 하는 것이 바람직하다고 생각하는 사람입니다. 하지만, 제가 20년 넘게 직장 생활을 하고 창업을 해 보니, 창업을 하려면 좀 더 빨리 했어야 한다는 생각이 듭니다. 제가 판단할 때, 가장 적절한 것은 10년 정도 직장 생활을 통해 경험을 축적했다면, 창업을 하기 위한 토양은 충분하다고 봅니다."

김대표는 창업을 좀 더 빨리 시작하지 못한 것이 못내 아쉽다. 김대표가 그렇게 생각하는 이유는 직장 생활을 할 때 체감하는 시간과 창업자로서 체감하는 시간은 질적인 차이가 있기 때문이다. 직장 생활이란 것은 직장 내에서 순리에 맞게 일을 하면 큰 문제가 없다. 직장에서 일을 하다 보면 매월 급여 일은 찾아오고 통장에 급여가 들어온다.

하지만, 스타트업 창업자가 체감하는 것은 급여 생활자와는 질적으로 다르다. 스타트업을 운영하는 것은 황무지를 개간하는 것과 비슷하다. 결실을 얻기 위해서 반드시 해내야 하는 일들이 있고, 그 일들은 창업자를 위해 마냥 기다려주지 않는다. 시간적인 여유가 촉박하더라도 반드시 해내야 하고, 그 책임은 결국 창업자에게 돌아온다.

〈필라델피아에서 영어로 발표 중인 김영진 대표. 사진 제공 : Y&ARCHER〉

창업자에게는 월급날에 대한 체감도 급여 생활자와는 다르다. 급여 생활자는 월급날이 기다려지지만, 월급을 주어야 하는 입장에 있는 창업자는 월급날이 부담스럽다. 스타트업 창업자에게는 오로지 회사가 정상적으로 영업활동을 하고 비용보다 수입이 많아져서 직원들에게 정상적으로 급여를 주는 것을 목표로 한다.

"스타트업은 창업 초기가 가장 힘듭니다. 어릴 때 창업을 하건, 나이가 들어서 창업을 하건, 힘든 과정은 동일하게 겪습니다. 나이가 들어서 창업을 하니까 매 순간이 절실하더군요. 절실하다는 것은 장점도 되지만 단점도 됩니다. 많은 노력을 하고 신중하게 일을 하지만, 일을 즐기면서 하기는 어려운 거죠. 10년 정도 젊은 나이에 창업을 했다면, 힘든 시기에도 지금보다는 좀 더 일을 즐기면서 할 수 있었을 것 같습니다. 젊을 때는 실패를 하더라도 훌훌 털어버릴 수 있죠. 또 기회가 있다고 생각하니까요. 하지만, 나이 들어 창업을 하면, 실패에 대한 두려움이 있습니다. 실패하면 또 기회가 올지 자신이 없기 때문입니다."

〈광저우 과기금융촉진회에서 발언 중인 김영진 대표, 사진 제공 : Y&ARCHER〉

김영진 대표의 말처럼 어차피 창업을 할 것이라면 일찍 시작하는 것이 좋다. 특히 글로벌 시장에서 활동을 하겠다는 생각이 있다면 더더욱 빨리 시작해야 한다. 스타트업을 시작하는 것은 용기가 필요하다. 남들이 가지 않는 길을 가려면 용기가 필요하지 않겠는가!

글로벌 시장을 개척하는 데에도 용기가 필요하다. 사람은 익숙한 것을 좋아하고 익숙한 사람들을 만나는 것을 즐긴다. 익숙하지 않은 낯선 지역과 낯선 사람들을 만나는 것을 좋아하는 사람은 드물다. 익숙하지 않은 지역에 가서 처음 만나는 사람들과 교류하며 회사와 제품을 알리고 영업을 하는 것은 젊은 사람들의 패기가 더 유리할 수 있다.

실제로 Y-Pump Up Batch 프로그램에 참가한 스타트업 대표들 중에 미국 필라델피아, 중국 광저우와 북경에서 가장 적극적으로 해외 투자자들과 교류하고 즐겁게 대화를 나누고 따로 지속적인 연락을 취하는 대표들은 전반적으로 연령대가 젊다는 것이 공통적인 특징이었다.

"제가 다소 늦은 나이에 창업을 하긴 했지만, 지금이라도 창업을 선택한 것은 정말 다행이라고 생각합니다. 글로벌 영업활동을 통해 컨트릭스랩을 전세계가 주목하는 회사로 키울테니 지켜봐주세요."

〈필라델피아 시의원과 교류 중인 김영진 대표, 사진 제공 : Y&ARCHER〉

제가 다소 늦은 나이에 창업을 했지만, 지금이라도 창업을 한 것이
정말 다행이라고 생각합니다.

_ 컨트릭스랩 김영진 대표

제9장

버틀러(Vutler) :

시장을 크게 잡을수록 사업이 확장된다

제9장 버틀러(Vuttler) :
시장을 크게 잡을수록 사업이 확장된다

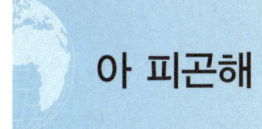
아 피곤해! 운전하기 싫어!

〈버틀러 서비스 소개, 출처 : 버틀러 사업계획서〉

"아 피곤해! 운전하기 싫어!"

버틀러의 이근우 대표가 프리젠테이션 때마다 하는 첫 번째 대사이다. 이 부분에서 대부분의 청중들이 웃음을 터뜨린다. 웃음코드는 청중들이 냉철한 투자자들이라고 해도 확실히 집중하게 해주는 힘이 있다.

"버틀러의 서비스인 '모시러'를 소개하면, 많은 분들이 우버나 카카오택시와의 차이점은 무엇이냐고 질문하십니다. '모시러'는 우버나 카카오택시와는 확실한 차이점이 있습니다. 차량은 고객의 차량을 이용하고 운전사만 서비스 된다는 것이 가장 큰 차이입니다."

〈버틀러 서비스 소개, 출처 : 버틀러 사업계획서〉

"그럼 또 이렇게 질문하십니다. 기존의 대리운전기사 서비스와 다른 점이 무엇인가? '모시러' 서비스는 기존의 대리운전기사 서비스와도 확실하게 차별화됩니다. 기존의 대리운전기사 서비스는 고객들이 '음주자' 입니다. 이 고객들은 음주를 하지 않았다면 대리운전기사 서비스를 이용하지 않을 분들이죠. '모시러' 서비스의 고객들은 '비음주자' 입니다."

〈필라델피아에서 영어로 발표하는 이근우 대표, 사진 제공 : Y&ARCHER〉

"그렇다면, 누가 이 서비스를 이용하는지 궁금하시겠죠? '모시러' 서비스를 이용하는 실제 고객들의 사례를 말씀드리죠. 여성 고객 A님은 자녀들을 픽업하는데 우리 서비스를 이용하고 계십니다. 요즘에는 학교, 학원 등 자녀들을 차로 데려다 주어야 할 곳이 많죠. 많은 어머님들은 직접 운전을 합니다만, A님은 '모시러' 서비스를 이용하고 있고, 하루에 5시간 정도를 이용합니다. 고령이신 남성 고객 B님은 거주하고 계신 호텔에서 사무실까지 에스코트를 위해 '모시러' 서비스를 이용하는데, 하루에 4시간 정도 이용합니다. 고령이신 여성 고객 C님은 집에서 병원까지 에스코트를 위해 서비스를 이용합니다. 이 분은 그 동안 택시를 이용해서 병원에 다녔으나 '모시러' 서비스를 이용하고 나서부터 계속 서비스를 이용하고 있습니다."

버틀러의 수행기사 서비스 '모시러'는 대리운전기사 서비스와 유사하나 음주 고객을 대상으로 하지 않고, 의전(儀典, Protocol, 통상적으로 통용되는 예법을 말함)에 대한 교육을 받은 수준 높은 기사가 서비스 한다는 측면에서 대리운전의 프리미엄 서비스라고 볼 수 있다.

'모시러'와 기존 대리운전기사 서비스와의 차이점이 또 있다. 기존 대리운전기사 서비스는 B2C(기업과 개인의 거래) 사업모델이나 '모시러'는 현재 B2B(기업과 기업의 거래)가 주력이다.

〈버틀러가 진행 중인 기업 고객, 출처 : 버틀러 사업계획서〉

"버틀러는 현재 B2B 시장을 주력으로 하고 있습니다. 국내 특급호텔들과 계약을 하여 해외에서 오는 손님들을 픽업하는 서비스를 진행하고 있습니다. 버틀러가 보유하고 있는 기사들의 수준이 높기 때문에 의전 서비스를 중요한 가치로 생각하는 MK Taxi Korea와도 계약을 체결하여 서비스를 진행하고 있습니다."

버틀러의 프리미엄 수행기사 서비스 '모시러'가 성공하기 위해서는 프리미엄에 적합한 양질의 기사가 많이 필요하다. 시간제 수행기사라는 것은 수행기사 입장에서 보면 '아르바이트'이다. 수행기사들은 대부분 정규직 근무를 원한다. 수준 높은 수행기사가 비정규 아르바이트인 시간제 수행기사를 하려 할까? 버틀러는 이런 수행기사를 어떻게 확보할 수 있었을까?

"현재 370명의 수행기사를 확보하고 있습니다. 그 수행기사들 대부분은 배우들입니다. 이들은 정기적인 아르바이트를 할 수가 없습니다. 배우의 꿈을 갖고 있는 사람들이라서 연극이나 드라마에 출연해야 하는데, 이런 일은 매우 비정기적이죠. '모시러' 수행기사는 자기가 원하는 시간에 신청하여 수행기사 일을 할 수 있습니다. 배우들에게는 매우 적합한 일자리라고 볼 수 있습니다. 게다가 수행기사들은 시간당 1만원의 수입이 생깁니다. 고객 통계를 살펴보면, 한 고객이 평균 4시간을 이용하고, 수행기사는 그 이용시간 내내 운전을 하는 것이 아니라 대기시간도 포함되기 때문에 일 하는 것 대비하여 수입은 괜찮은 편입니다. 그래서 수행기사를 하고 있는 사람들이 같은 일을 하는 지인들에게 이 일을 추천하여 우리가 채용하는 경우가 많습니다. 수행기사들은 점점 늘어나고 있어서 2017년말까지 2천명의 수행기사를 확보하는 것이 목표입니다."

〈버틀러가 확보하고 있는 수행기사, 출처 : 버틀러 사업계획서〉

버틀러의 비즈니스 모델은 스타트업이 추구해야 할 방향성을 잘 보여주고 있다. 스타트업은 후발주자이기 때문에 선도기업을 따라잡기 어렵다. 특히, 자본력이 약한 스타트업은 더더욱 어렵다. 이럴 때는 비즈니스 모델을 변형하여 틈새시장을 공략해야 한다. 버틀러의 비즈니스 모델은 전형적으로 틈새시장을 공략하고 있다.

틈새시장 공략, 공차코리아 이야기

다음은 창업이론과 실무(저자 신진오)에 수록된 공차코리아의 사례이다.

2012년도에 창업하여 2년만인 2014년도에 창업한 회사의 지분 65%를 약 340억원에 매각하여 화제가 된 인물이 있다. 주인공은 공차코리아의 창업자 김여진씨이다. 그녀는 2012년도에 밀크티 프랜차이즈 기업인 공차코리아를 설립하여 홍익대학교 앞에서 한 개의 매장으로 시작하였으나, 2년만에 전국에 가맹점을 200개로 늘렸다. 33세인 2014년도에 공차코리아의 지분 상당부분을 유니슨캐피탈이라는 사모펀드에 매각하여 340억원을 회수했고, 이는 틈새시장 창업의 성공사례로 꼽힌다.

그녀가 대만 본사로부터 공차 브랜드를 도입하여 사업을 시작한 2012년도의 상황을 살펴보자. 국내 커피전문점 시장은 지속적으로 성장해 왔고, 시장의 규모는 상당히 커져 있는 상황이었다. 커피전문점 시장규모는 2001년 약 3천억원 규모에서 2011년에는 약 3조원으로 10년동안 10배나 성장을 해 왔다.

2012년도에도 커피전문점 시장은 이미 성숙기에 접어들고 있었다. 그녀는 카페 시장이 이미 형성되어 있는 상황에서 커피 말고 그것을 대체할만한 음료를 국내에서 출시하면 성공할 수 있다고 확신했다.

그녀는 다니던 직장을 그만두고 은행원인 남편을 따라 싱가포르로 이주했다. 그곳에서 밀크티를 접하게 되었다. 홍콩, 중국, 싱가포르 등 중화권에서는 밀크티가 일반적이었지만, 아직 국내는 낯선 음료였고, 그녀는 이 음료를 국내에 도입하기로 결심했다.

김씨는 대만에 있는 본사에 직접 방문하여 이 사업권을 따 내기 위해 정성을 쏟았다. 국내의 다른 큰 기업들도 밀크티 사업권을 들여오기 위해서 러브콜을 보내고 있는 상황에서 자금력이나 노하우가 턱없이 부족했던 그녀는 매우 불리한 상황이었다. 그녀가 대만 본사에 보여줄 수 있는 것은 사업에 대한 '열정' 뿐이었다.

밀크티 사업과 관련하여 좋은 아이디어를 끊임없이 기획하고, 이것을 대만 본사에 직접 찾아가 발표했다. 결국, 그녀의 정성과 열정에 감동한 대만 본사에서 다른 큰 기업을 마다하고 김씨에게 사업권을 주는 모험을 단행했다.

김씨는 막상 사업권을 따냈지만, 사업 경험도 없었고 자본도 부족했고, 실무 경험도 없어서 막막한 상황이었다. 사업권을 따 낸 후 그녀가 처음 한 일이 공차 매장에 취업하여 허드렛일부터 시작하여 차를 우려내는 법과 고객 응대하는 법을 배운 것이다. 그녀는 이 경험을 통해 매장 운영 노하우를 배울 수 있었다.

인터뷰 중인 공차코리아 창업자 김여진.
사진 출처 : 한경닷컴

 2012년 홍대 1호점으로 시작한 공차는 공격적인 마케팅으로 2년이 지난 2014년에 200개의 가맹점을 확보할 수 있었다. 그녀는 2014년에 지분 65%를 약 340억원에 매각하여 부자가 되었으며, 35%의 지분을 가지고 여전히 공차코리아의 고문으로 활약하며 공차코리아의 성장에 큰 역할을 하고 있다.

공차코리아 홍대 1호점.
사진 출처 : 네이버블로그

제9장 버틀러(Vutler) : 시장을 크게 잡을수록 사업이 확장된다 • 271

김씨의 사례에서 배울 수 있는 점은 남들이 하지 않는 틈새시장을 잘 공략하면 사업 아이디어를 쉽게 찾을 수 있다는 점이다. 틈새시장을 공략한다는 의미는 완전히 새로운 제품이나 서비스를 찾아내는 것과는 다르다. 남들이 이미 하고 있는 일반화된 시장에서 남들과는 조금 다른 방식으로 사업을 진행한다는 것을 의미한다. 만약, 국내에 커피전문점 시장이 이렇게 활성화되지 못했다면, 김씨의 밀크티 사업도 성공하기 어려웠을 것이다. 그녀는 카페에서 커피를 사먹는 수 많은 사람들 중에서 일부는 커피 대신 밀크티를 사 먹을 수도 있겠다는 생각을 했고, 바로 이점을 사업화와 연결한 것이다.

김씨는 이전에 사업에 대한 경험도 없었고, 커피전문점을 운영해 본 적도 없었다. 다만, 국내에 아직 들어오지 않은 밀크티를 접한 후 큰 결심을 하게 된 것이다. 그녀는 이 사업을 하기 위해 본인의 모든 것을 다 해 노력했다.

틈새시장에서 아이템을 찾았다면, 다른 누구보다 빨리 이 아이템을 사업화해야 한다. 틈새시장 공략이라는 것은 남들도 다 할 수는 있지만, 그들이 생각을 하지 못해서 미개발 된 시장이기 때문이다.

김씨가 사업권을 따는 것은 객관적으로 볼 때, 다른 기업보다는 불리한 상황이었다. 불리한 상황이라고 해서 지레 포기하고 적당한 노력을 했다면, 사업권을 따지 못했을 것이고 사업 자체를 시작하지도 못했을 것이다.

아직까지 개발되지 않은 틈새시장 아이템은 많다. 모든 산업 분야에서 틈새시장을 잘 활용하여 좋은 아이디어를 도출해 낸다면, 훌륭한 창업 아이템을 건질 수 있을 것이다.

☞ 신진오 저, 창업이론과 실무 중에서 일부 발췌

공차코리아의 김여진 창업자의 사례와 마찬가지로 버틀러의 이근우 대표도 틈새시장을 잘 공략한 사례에 해당된다. 기존에 음주고객을 대상으로 하는 대리운전기사에 대한 시장은 있었으나, 비음주고객을 대상으로 하는 수행기사 시장은 제한적이었다.

게다가 이 사업의 성공요건은 양질의 수행기사를 얼마나 많이 확보하느냐에 달려있는데, 수행기사로 채용할만한 잠재적 그룹을 절묘하게 타겟팅(targeting)한 점도 전략적으로 틈새시장을 잘 공략한 사례에 해당된다.

우버와 디디추싱 이야기

중국은 산업화와 도시화가 급격히 진행되고 있고 인구도 세계에서 가장 많다. 인구 5백만 이상 도시가 80여개에 이른다. 반면 교통 인프라는 아직 도시의 성장을 따라가지 못하고 있다. 택시나 버스 같은 대중교통 이용에도 불편이 많다. 차량공유나 온디맨드 교통 서비스에 대한 수요가 큰 것은 당연하다.

게다가 스마트폰을 바탕으로 한 O2O 서비스가 일상 생활에 스며들어 있다. 위챗 같은 모바일 메신저로 식당에서 결제하고, 송금하고, 정보를 찾는 등 생활의 거의 모든 일을 모바일로 할 수 있다. 중국은 세계 최대의 O2O(온라인(online)과 오프라인(offline)이 결합하는 현상을 의미하는 말이며, 최근에는 주로 전자상거래 혹은 마케팅 분야에서 온라인과 오프라인이 연결되는 현상을 말하는 데 사용됨.) 시장이다.

2016년 8월, 차량공유서비스로 중국 내에서 치열한 경쟁관계에 있었던 우버 차이나(Uber China)와 디디추싱(滴滴出行, Didi Chuxing)이 합병을 발표했다. 디디추싱이 우버 차이나를 인수하는 것으로, 이 계약으로 디디추싱의 기업가치가 약 40조 원에 이르는 것으로 추정되었다. 이로써 디디추싱(통상적으로 디디라고 부름.)은 텐센트(Tencent), 알리바바(Alibaba), 바이두(Baidu)와 함께 명실공히 중국 인터넷 기업 '빅4'라고 부를 수 있을 정도로 가히 성장하게 되었다.

디디추싱은 합병으로 몸집을 불린 사례이다. 디디추싱은 원래 디디다처(Didi Dache)와 콰이디다처(Kuaidi Dache)가 합병을 하여 새롭게 탄생한 회사였다. 디디다처(Didi Dache)는 텐센트의 자회사였고, 콰이디다처(Kuaidi Dache)는 알리바바의 자회사였다.

두 회사는 각각 7억 달러, 6억 달러의 막대한 투자를 유치했지만, 시장 선점을 위해 무리하게 마케팅을 하느라 많은 손실을 보고 있었다. 중국 O2O 시장에서는 시장 선점을 위해 무리하게 사업을 확장하다 문을 닫는 기업도 많이 생겨나고 있었는데, 디디다처와 콰이디다처 투자자들도 끝없는 출혈경쟁에 두려움을 나타내고 있었다. 결국 치열하게 경쟁하던 두 회사는 2015년 2월에 합병을 발표했고, 중국 시장을 대부분 장악할 수 있는 거대 차량공유서비스 기업 디디추싱이 탄생했다.

디디추싱(滴滴出行, Didi Chuxing),
출처 : 바이두

이로 인해 온디맨드(on-demand, 모바일을 포함한 정보통신기술(ICT) 인프라를 통해 소비자의 수요에 맞춰 즉각적으로 맞춤형 제품 및 서비스를 제공하는 경제 활동.) 교통시장을 거의 완전히 장악한 대형 기업 디디추싱이 탄생하게 되었지만, 시장이 완전 평정되지는 않았다. 2014년 중국 사업을 시작한 우버차이나(Uber China)가 있었기 때문이다.

우버차이나는 중국 최고의 검색포탈 바이두(Baidu)의 투자를 받았고, 바이두의 지도를 사용했다. 우버차이나와 디디추싱은 엄청난 출혈 경쟁을 펼쳐왔다. 우버는 중국에 진출한 이후 2년 동안 20억 달러라는 천문학적인 손실을 감수해왔다. 더 이상 출혈경쟁을 감당하지 못한 두 회사는 2016년 8월에 전격적으로 합병을 발표하는 상황에 이른 것이다.

디디추싱은 이번 우버차이나 인수를 통해 시장점유율 93%를 확보하게 됐다. 합병하기 이전 디디추싱의 중국 내 시장점유율은 85퍼센트, 우버는 8퍼센트였다. 또한, 중국 인터넷 기업 빅3인 텐센트, 알리바바, 바이두 모두로부터 투자를 받은 회사가 되었다. (합병 전 디디추싱은 텐센트와 알리바바, 우버차이나는 바이두로부터 투자를 받았음.)

트래비스 칼라닉(Travis Kalanick, 1976년생, 우버 창업자) 우버 대표는 자신의 페이스북 페이지에 양사의 인수합병에 관한 자기 생각을 밝혔다.

"디디추싱과 우버는 지난 2년간의 경쟁 속에서 수십억 달러를 쏟았지만, 양사 모두 수익을 내지 못했다. 성공을 위해선 가슴뿐만 아니라 이성의 소리에 귀 기울여야 함을 배웠다."

〈Uber 창업자 겸 CEO Travis Kalanick, 사진 출처 : 블룸버그〉

하지만, 전체 시장을 독점하고 있는 디디추싱의 성장세에 제동이 걸릴만한 상황이 벌어졌다. 2016년 11월, 중국 현지 언론들의 보도에 따르면, '디디추싱이 대대적인 구조조정 작업을 단행할 것이고, 구조조정 인원은 천 명이 될 것이다. 게다가 이미 백 명이 넘는 직원이 짐을 싸서 떠났다'는 소문이 업계에 돌고 있다고 전해졌다.

이와 관련해 디디추싱 측은 '감원설은 근거 없는 소문'이라고 일축했지만 소문은 점차 확산되고 있다. 디디추싱의 중점 사업부문인 차량공유 서비스가 구조조정의 타겟이 될 것이라는 것이다. 업계 전문가들은 디디추싱의 구조조정 이유를 중국 정부의 정책 때문이라고 분석하고 있다.

그 정책은 중국 정부가 '온라인 차량예약 서비스 관리 시행방안'이라는 이름으로 내놓은 차량공유 서비스 합법화 조치다. 언뜻 보기엔 합법과 불법의 경계에 놓여있던 차량공유 서비스를 합법화한 것으로 보인다. 하지만 베이징과 상하이 등 대도시에서 해당 지역의 호적과 번호판을 가진 운전자와 차량만 영업하도록 하는 등 규제를 내놓으면서 디디추싱의 상황을 어렵게 만들고 있는 것이다. 블룸버그의 보도에 따르면, 현재 디디추싱이 상하이에 보유한 차량공유 서비스 운전자 41만명 중 3%만이 이 조건에 부합한다고 전했다.

이와 관련해 차량공유 서비스 정책이 나오기 직전 중국법인을 디디추싱에게 팔고 디디추싱 지분과 현금을 받은 트래비스 칼라닉 우버 CEO의 선택이 매우 현명했다는 분석도 등장했다. 불과 몇 달 전의 '패자'가 몇 달 후 '승자'가 된 것이다.

시장을 크게 잡아라

　버틀러는 Y-Pump Up Batch 프로그램을 통해 미국과 중국에 가서 투자자들 앞에서 회사를 소개하는 기회를 가졌다. 그 때마다 해외 투자자들이 빼놓지 않고 묻는 질문이 있었다.

"우버와 차이점은 뭔가요?"

"디디추싱과 차이점은 뭐에요?"

〈광저우에서 중국 투자자에게 설명 중인 버틀러의 박준석 부대표. 사진 제공 : Y&ARCHER〉

제9장　버틀러(Vutler) : 시장을 크게 잡을수록 사업이 확장된다 · 279

국내에서는 대리운전 서비스의 고객이 주로 음주를 한 사람이기 때문에 비음주 시장을 겨냥한 버틀러의 서비스는 분명한 차별성이 있다. 하지만, 미국이나 중국시장은 다르다. 음주시장 보다는 비음주시장이 더 크다. 버틀러의 액셀러레이팅을 담담하고 있는 와이앤아처의 김현수 매니저는 버틀러의 서비스와 비교해 보기 위해 중국 북경에서 디디추싱 서비스를 이용해 보고 그 소감을 이야기 해 주었다.

"디디추싱 서비스를 이용해 보았는데, 중국의 택시보다 훨씬 깨끗하고 편리했습니다. 북경에서는 택시 잡기가 쉽지 않고, 택시를 잡더라도 목적지를 이야기하면 승차거부를 하는 경우가 많습니다. 디디추싱은 스마트폰 앱으로 목적지를 입력하고 기사와 매칭시켜주는 구조이기 때문에 승차거부를 당할 일은 없죠. 그리고 서비스의 등급도 세분화 되어 있었습니다. 요금을 적게 내면, 낮은 수준의 서비스를 받게 되고 많은 요금을 지불하면 높은 수준의 서비스를 받게 되어 있었어요."

결국, 디디추싱과 버틀러의 차이점은 '기사가 차량을 갖고 서비스를 하느냐'와 '기사가 몸만 와서 고객의 차량으로 서비스를 하느냐'의 차이로 세분화 해 볼 수 있다.

〈북경에서 중국 투자자에게 설명 중인 박준석 부대표와 강민정 이사, 사진 제공 : Y&ARCHER〉

 그런데, 수행기사가 차량이 없다는 것은 그만큼 고객층이 제한적이라는 것을 의미한다. 당연히 차량을 갖고 있는 기사에 대한 고객의 니즈(Needs)가 더 크다. 버틀러의 수요층이 제한적이라는 것은 우버나 디디추싱의 비즈니스 모델만큼의 확장성은 높지 않다는 것을 의미한다. 이렇게 사업 확장성이 제한적인 경우에는 국내 시장만 가지고 사업을 추진하는 것은 바람직하지 않다. 버틀러는 해외시장을 적극 공략해야 한다. 디디추싱 서비스를 이용해 본 와이앤아처의 김현수 매니저는 이렇게 덧붙였다.

 "버틀러의 모시러 서비스와 디디추싱을 비교해 보기 위해 비싼 요금을 내고 높은 퀄리티의 서비스를 이용해 봤습니다. 애초에 기대했던 것 보다는 디디추싱의 서비스가 훌륭하기는 했지만, 수행기사의 수준이 모시러의 수행기사와 비교

할 때 상당히 떨어지는 것이 사실입니다."

버틀러가 애초에 사업모델을 만들 때, 국내시장 위주로 생각을 했기 때문에 틈새시장을 공략하는 비즈니스 모델이 탄생했다. 하지만, 이것만 가지고는 확장성이 부족하다. 글로벌 비즈니스를 위해 사업모델을 재정비할 필요성이 있다. 버틀러를 멘토링 했던 케이넷투자파트너스의 이호장 상무는 이렇게 조언했다.

"버틀러의 비즈니스 모델은 회사 스스로 자생하기에는 문제가 없습니다. 하지만, 그 정도로 만족하려고 고생해서 스타트업을 창업한 것은 아니라고 생각합니다. 비슷한 서비스를 하고 있는 디디추싱만 봐도 우버와 합병 후 기업가치가 40조원으로 평가되고 있죠. 이렇게 디디추싱처럼 기업가치를 높이려면 확장성 있는 비즈니스 모델을 갖추어야 하고, 무엇보다 타겟 시장을 크게 잡아야 합니다."

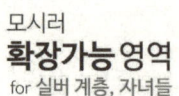

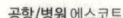

〈모시러 서비스의 확장가능 사업영역, 출처 : 버틀러 사업계획서〉

버틀러의 이근우 대표 역시 비즈니스 모델을 확장하기 위해 고심하고 있다.

"이호장 상무님의 조언을 듣고 많이 깨닫게 되었습니다. 버틀러는 현재 MK택시, SK렌터카, 롯데렌터카 등 국내 기업과 B2B 비즈니스를 통해 특급호텔 및 렌터카 시장을 선점하는 노력을 하고 있습니다. 이것을 통해 벤츠나 포르쉐 등 고급 외제차 판매업체와 손을 잡고 B2B에서 B2C로 비즈니스 모델을 확장하고 있습니다. 버틀러는 이미 '시간제' 수행기사 이미지를 선점하고 있습니다. 이것은 추후 편의대행 서비스 진출을 위한 교두보가 될 것으로 기대됩니다. B2B 비즈니스를 통해 쌓은 '신뢰'와 '안전' 이미지를 통해 골프장이나 고급아파트에 광고를 진행하는 등 타켓 마케팅을 진행할 생각입니다. B2B에서 B2C로 확장을 진행하는 것이죠."

버틀러가 서비스는 하는 시장을 글로벌로 확대하는 계획도 갖고 있다.

"이번 Y-Pump Up Batch 프로그램에 참여하면서 글로벌 시장에 대한 눈을 뜨게 되었습니다. 버틀러는 사실 창업 이후 계속 국내시장에 국한해서 사업을 진행하고 있었어요. 국내시장도 아직은 해야 할 일들이 많았으니까요. 버틀러가 미국 시장에 진출할 수 있다는 생각은 해 본적도 없습니다. 그런데, 이번에 필라델피아에서 많은 투자자들, 미국에서 사업하시는 분들과 대화를 나누면서 모시러 서비스가 미국 시장에서도 통할 수 있을 것이라는 자신감이 생겼습니다. 모시러 서비스를 실버산업, 즉 노인들을 케어하는 서비스로 확장이 가능할 것 같습니다."

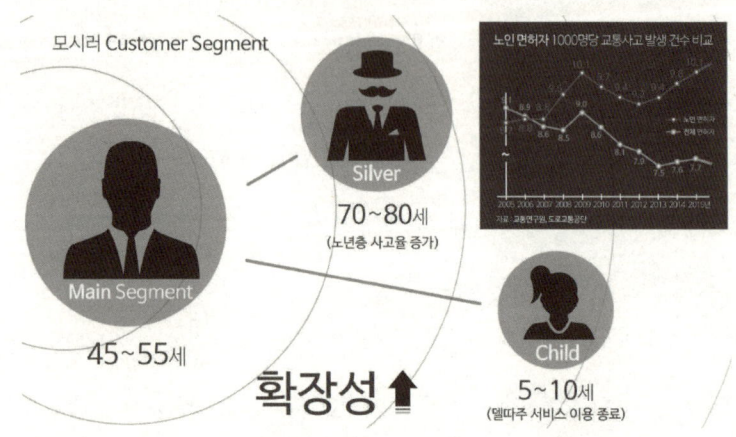

〈모시러 서비스의 실버 산업 확장, 출처 : 버틀러 사업계획서〉

Y-Pump Up Batch 프로그램을 통해 중국 시장을 경험한 버틀러의 박준석 부대표도 글로벌 시장으로 눈을 돌려야 한다는 생각을 하게 되었다.

"북경 공항에 내리자마자 디디추싱의 대형 광고판이 눈에 띄더군요. 광고판을 보니 디디추싱에 소속된 기사가 1천5백만명이라고 씌여 있었습니다. 1천5백만명이라니 깜짝 놀랐습니다. 버틀러에 현재 소속된 수행기사가 400명에 불과한데 말이죠. 중국시장은 정말 크다는 것을 새삼 느끼게 되었습니다. 그리고, 북경 데모데이에서 대화를 나눈 중국의 한 투자자는 버틀러의 비즈니스가 매우 마음에 든다고 5억원을 바로 투자한다고 하는 겁니다. 중국에 부유층 고객을 타겟으로 하면 사업이 잘 될 것 같다고 하면서요. 회사를 성장 시키기 위해서는 시장을 크게 잡는 것이 중요하다는 것을 느꼈습니다."

해외의 많은 투자자들, 사업가들과 대화를 하면서 나도 해외시장에
진출할 수 있겠다는 자신감이 생겼습니다.

_ 버틀러 이근우 대표

참고문헌 및 참고자료

- 기업가정신과 리더십(대한민국 도좀 CEO의 신의 한 수) 신진오 지 | 혜성출판사 | 2015.02.15
- 창업 이론과 실무 신진오 저 | 혜성출판사 | 2015.08.10
- M&A Model 11(인수합병 전략 사례 분석 가이드) 신진오, 이호재 저 | 혜성출판사 | 2016.08.20
- 생활투자 이해 최인우, 신진오 저 | 혜성출판사 | 2015.08.15
- 몰입창업(청년창업가와 소자본창업가를 위한 행복한 성공) 강재학, 서찬영 저 | 청람 | 2013.11.20
- 중국의 반격(더 이상 중국 보너스는 없다) 중앙일보 중국팀 저 | 틔움 | 2016.04.30
- 공유 경제의 시대(미래 비즈니스 모델의 탄생) 로빈 체이스 저 | 이지민 역 | 신밧드프레스 | 2016.03.21
- 무인자동차(자율주행 자동차)시장의 기술개발 현황 및 관련업체 동향 좋은정보사 편집부 저 | 좋은정보사 | 2015.06.18
- 클라우스 슈밥의 제4차 산업혁명 클라우스 슈밥(국제기관단체인) 저 | 송경진 역 | 새로운현재 | 2016.04.20
- 나는 한복 입고 홍대 간다 (한복을 청바지처럼, 28살 전주 아가씨의 패션 창업기) 황이슬(의상디자이너) 저 | 라온북 | 2014.08.04
- FREITAG (프라이탁 가방을 넘어서) 레나테 멘치 저 | 이수영 역 | 안그라픽스 | 2013.05.01
- 트럼프 대통령에 대비하라(트럼프 돌풍 이후의 세계, 우리는 어떻게 대처할 것인가) 김

창준(신문인) 저 | 김원식 편 | 라온북 | 2016.09.30
- 나는 위챗이다(중국 비즈니스에는 왜 위챗이 필요한가?.중국 비즈니스 필수 플랫폼, 웨이신) 김대순 저 | 북마크 | 2016.09.29
- 위챗을 알면 중국대륙도 넓지 않다 조진태(기업인) 저 | 북랩 | 2015.05.29
- 서울대에서는 누가 A+를 받는가(서울대생 1100명을 심층조사한 교육 탐사 프로젝트) 이혜정(교육기관단체인) 저 | 다산에듀 | 2014.10.24
- 덕후거나 또라이거나(무슨 짓을 해도 괜찮아, 청춘이니까!) 대학내일20대연구소 저 | 홍익출판사 | 2014.12.10
- 아트토이 모델링 테크닉(3D 프린터로 피규어 제작하기 첫번째 이야기) 비에이치쓰리디 조형학원, 권경범 저 | 시옷 | 2016.04.10
- 12연기(BBS 불교방송 불교강좌) 묘원 저 | 행복한숲 | 2011.01.15
- 동일본 대지진과 일본의 진로 (일본 사회의 패러다임 변화) 김기석 저 | 한울아카데미 | 2013.11.15
- 원자력발전 백서(2015) 산업통상자원부 저 | 휴먼컬처아리랑 | 2016.05.20
- 양쯔강의 악어(마윈의 성공스토리) 장용, 옌추친 저 | 이지은 역 | 강단 | 2015.05.20
- 슈퍼 창업자들(이전에 없던 경험을 팔아라!) 김종춘(목사) 저 | 스타리치북스 | 2016.07.20
- 척추측만증(초·중·고등학생 척추 휘는 병,일반인과 학부모를 위한 지침서, 개정판) 이춘성(의사) 저 | 영창출판사 | 2014.09.30
- 내 힘으로 척추 측만증 이겨내기 이남진 저 | 제우스 | 2015.02.25
- 굿바이 흙수저(구직이 아니라 창직이다) 김정수 저 | 라인 | 2016.07.28
- 3D산업 현황과 관련시장 기술동향 데이코 편집부 저 | 데이코 | 2011.12.20
- 가상현실(VR) 증강현실(AR) 혼합현실(MR) 주요 핵심 기술 동향과 국내외 정책 및 R&D 동향 IPResearch센터 저 | 산업정책Research | 2016.11.23
- 홀로그래피 입문 원리와 실제 구보타 토시히로 저 | 이승현 역 | 진샘미디어 |

2012.08.10
- SK플래닛 빅데이타 분석 : 빅데이타로 본 한복의 인기
- 방송자료 : KTV 뉴스 '한복입기 열풍이 불고 있다.
- 방송자료 : EBS 교육대기획 4부-서울대 A+의 조건
- 방송자료 : KBS 특집 '광복 70년, 미래 30년. 글로벌경제, 아시아 시대를 열다.'

 인터뷰 자료

1. 팝한 황재근 대표
2. 레츠코리아 이광헌 대표
3. 에이치네스트 신유경 대표
4. 비엔솔루션 박대훈 대표, 김치현 이사
5. 리앙 원종은 대표, 전홍기 이사
6. 컨트릭스랩 김영진 대표
7. 스탠딩톨 강선영 대표
9. 버틀러 이근우 대표, 박준석 부대표
10. 와이앤아처 안정란 디렉터, 김현수 매니저

저자 소개

저자 : 신진오

1996년 삼성그룹 공채로 입사하여 삼성증권 애널리스트, 이 후 현대증권을 거쳐 2000년부터 벤처캐피탈에서 13년 동안 벤처투자와 M&A, Pre IPO 투자를 했고 이후 2015년말까지 3년간 호서대학교 사업기획단장을 역임하면서 청년창업에 대한 기획과 액셀러레이팅을 했다. 지금은 글로벌 액셀러레이터인 와이앤아처㈜의 대표이사를 맡고 있으며, 와이앤아처㈜는 미래창조과학부 K글로벌 액셀러레이터로 선정되어 K글로벌 스타트업 지원 프로그램을 운영하고 있다.

저서로는 '기업가정신과 리더십', '창업이론과 실무', '생활투자 이해', 'M&A Model 11' 등이 있다.

- 와이앤아처㈜ 대표이사, 서울과학기술대학교 외래교수
- 연세대학교 발명평가위원, 한국벤처창업학회 이사
- 서울동부지방검찰청 범죄피해자지원센터 멘토위원, 법무부 법무정책 국민평가단
- 서울창업포럼 위원, 중기청, 교육부 등 정부과제 심의위원